Martin Ruch

Offenburg erleben

Ein Rundgang durch die Innenstadt

Mit Themenspaziergängen und vielen Ausflugstipps in die Region

seitenweise

Verlag und Autor übernehmen keine Haftung für die Richtigkeit der Angaben oder für Schäden, die durch die Nutzung des Produktes entstehen.

Text: Dr. Martin Ruch
Lektorat: Meike Heekerens
Gestaltung: punktgenau GmbH, 77815 Bühl
Druck und buchbinderische Verarbeitung: Kraft Druck GmbH, 76275 Ettlingen
Printed in Germany

Bibliografische Information der Deutschen Bibliothek:
Die Deutsche Bibliothek verzeichnet diese Publikation in der Deutschen Nationalbibliografie; detaillierte bibliografische Daten sind im Internet über http://dnb.ddb.de abrufbar.

Diese Publikation wurde auf zertifiziertem FSC-Papier aus nachhaltiger Forstwirtschaft sowie klimaneutral gedruckt.

Der Ausgleichsbetrag für die CO_2-Kompensation fließt in die Unterstützung eines zertifizierten Klimaschutzprojektes. Nähere Informationen zum Wasseraufbereitungsprojekt in Kenia erhalten Sie unter www.climatepartner.com, wenn Sie die ID: 53361-1606-1002 eingeben.

Deutsche Erstausgabe
1. Auflage 2016

www.seitenweise-verlag.de
ISBN 978-3-943874-16-7

Inhaltsverzeichnis

Grusswort

Als Offenburgs Oberbürgermeisterin freue ich mich sehr über den neuen Stadtführer in handlichem Format, farbig bebildert, der auf rund 100 Seiten in starker Auflage die Reize unserer Stadt vortrefflich präsentiert.

Offenburg liegt im Herzen Europas, zwischen Rhein und Reben, eingebettet zwischen Schwarzwald und Vogesen am Eingang des Kinzigtals. Inmitten einer aufstrebenden Tourismusregion setzt sie als prosperierender Wirtschaftsstandort, Medienstadt und Messemittelpunkt Akzente. Offenburg und sein Umland verstehen sich als Genussregion mit einer sehr hohen Lebensqualität in einer der schönsten Kulturlandschaften Deutschlands.

Als größte Stadt des Ortenaukreises und Oberzentrum des mittelbadischen Wirtschaftsraums nimmt das knapp 60.000 Einwohner starke Offenburg mit 40.000 Beschäftigten in 2000 Betrieben und Arbeitsstätten heute eine exponierte Stellung am regionalen Arbeitsmarkt ein. Die Einkaufsstadt ist attraktiv, einladend und über die Grenzen hinweg beliebt. Mediterranes Flair mit Flaniermeile und Marktplatz verleihen Offenburg einen ganz eigenen Charme unter der strahlenden Sonne Badens, die auch den badischen Wein großflächig gedeihen lässt.

Offenburg nennt sich zu Recht „Freiheitsstadt“, gilt als eine Wiege der Demokratie. Die Stadt war ein bedeutendes Zentrum der Badischen Revolution von 1848/1849. Im damaligen Gasthaus „Salmen“ – heute als Erinnerungsstätte anerkannt sowie als kultureller und informativer Veranstaltungsort genutzt – wurde am 12. September 1847 mit den 13 Forderungen des Volkes das erste politische Programm der Demokraten, die Basis des heutigen Grundgesetzes, in Deutschland verabschiedet.

Elf Ortschaften mit ganz eigenem Charakter komplettieren die Vielfalt Offenburgs. Von den Reblandgemeinden mit ihren Winzerbetrieben und Fachwerkhäusern entlang der Badischen Weinstraße bis zu den schmucken Dörfern in der Rheinebene reicht der Spannungsbogen.

In Bezug auf die Europametropole Straßburg sieht sich Offenburg als wichtiger Wegbereiter der europäischen Ideen und Ziele im grenzüberschreitenden Eurodistrikt.

Offenburg – das ist wie eine herzliche Einladung an Freunde: „Vorbeikommen, wohlfühlen, bleiben!"

Viel Spaß beim Lesen und Nutzen des Stadtführers wünsche ich allen Offenburgern sowie Besuchern aus Nah und Fern.

Edith Schreiner
Oberbürgermeisterin der Stadt Offenburg

Die Geschichte Offenburgs – Reichsstadt zwischen Rhein und Reben

Man kann vermuten, dass die Region um das heutige Offenburg schon vor Christi Geburt besiedelt wurde. Optimal gelegen – etwas erhöht über der Sumpflandschaft des mäandernden Rheins an den Hängen des Schwarzwalds und dem Ausgang des Kinzigtales – zogen vermutlich verschiedene Volksstämme durch – oder wurden hier sesshaft. Die Zähringer, Verwandte der Staufer, als weltliche Herren sowie der Bischof von Straßburg und der Abt des begüterten Benediktinerklosters Gengenbach als geistliche Herren werden das Dörfchen mit zentralen Funktionen ausgestattet haben – allerdings ist weder das Marktprivileg noch eine Gründungsurkunde überliefert.

Wachssiegel der Stadt Offenburg von 1273, Stadtarchiv Straßburg.

Der erste schriftliche Beleg für die Existenz einer Siedlung stammt aus dem Jahr 926, dort ist die Rede von einem kleinen „Kinzigdorf", das etwa zwischen dem heutigen Bahnhof, der Okenstraße und der Evangelischen Kirche lag.

Die Geschichte Offenburgs ist die Geschichte seines Marktes, der wohl schon zu Beginn des 13. Jahrhunderts gegründet wurde. Auf dem breiten Straßenmarkt befanden sich Korn- und Kaufhaus sowie die Gewerbelaube. Zu beiden Seiten des Marktes bauten die Kaufleute ihre Häuser mit tiefen Lagerkellern. Für die Marktgründungen galten besondere Rechte, allen voran die Freiheit des Handels, sicheres Geleit innerhalb des Herrschaftsbereiches und der Erlass sonst üblicher Schutzzölle für die Kaufleute.

Städtischen Grundbesitz außerhalb der heutigen Innenstadt gab es nicht und zunächst auch keine Stadtmauer. Offenburg war bei der Namensgebung noch ein „offener burgus", eine geschlossene, aber unbefestigte Marktsiedlung, und erhielt wohl darum seinen Namen – auch wenn einige lieber der Legende um den englischen Prinzen „Offo" Glauben schenken, der die Stadt gegründet haben soll.

Der Offenburger Fahnenschwinger von 1544.

Der Marktfrieden war die wichtigste Errungenschaft der Gesellschaft jener Epoche. Auf den in größeren Zeitabständen stattfindenden Jahrmärkten wurden anfangs Güter des gehobenen Bedarfs für den größeren Geldbeutel angeboten, also etwa kostbare Stoffe, Edelmetallgegenstände, Schmuck oder seltene Gewürze. Wichtiger für die wirtschaftliche, soziale und auch rechtliche Entwicklung der Stadt waren aber die Wochenmärkte, die den täglichen Bedarf bedienten. Hier waren breite Bevölkerungskreise als Hersteller, Anbieter, Käufer und Verbraucher beteiligt. Schließlich gab es noch überregionale Marktveranstaltungen, die Messen, wo hauptsächlich der Großhandel unter den Wiederverkäufern abgewickelt wurde.

Um 1240 wurde Offenburg durch den staufischen Kaiser Friedrich II. zur Reichsstadt erhoben und bekam eine Stadtmauer. Für 1246 ist erstmals das „oppidum", also ein befestigter Ort, belegt. Geschützt von der heute teilweise noch erhaltenen Stadtmauer und den nicht mehr existierenden drei Stadttoren – dem Kinzigtor am Stadtbuckel, dem Neuen oder Straßburger Tor (etwa beim Rheinischen Hof) und dem Schwabenhauser Tor (am südlichen Ende der Langen Straße) – gediehen die Zünfte und das Handelswesen. Auch eine kleine jüdische Gemeinde mit Synagoge und Ritualbad bestand damals (s. dazu Seite 34). Ein prachtvolles Wachssiegel aus dem Jahr 1273 zeigt ein offenes Tor, die „Offene Burg".

Bis zur Mitte des 16. Jahrhunderts fand der Wochenmarkt am Sonntag statt. Die ländliche Bevölkerung strömte zum Gottesdienst in die Stadt und bot vorher oder nachher ihre Erzeugnisse feil, um mit diesem Geld wiederum bei den ansässigen Handwerkern und Kaufleuten einkaufen zu können. Ab 1560 wurde der Markttag auf den Samstag vorverlegt und am Dienstag ein Markt eingerichtet, an dem auch Auswärtige verkaufen konnten. Diese beiden Markttage haben in Offenburg also eine lange Tradition.

Im Pfälzischen Erbfolgekrieg wurde Offenburg mehrfach Ziel der französischen Truppen unter Ludwig XIV. und im September 1689 wurde die Stadt vollständig in Schutt und Asche gelegt. Nur das Kapuzinerkloster und eine Handvoll weiterer Gebäude überstanden diesen verheerenden Brand. Haus und Hof, Hab und Gut der Einwohner waren verloren. Man lebte für viele Jahre in Ruinen, in Kellern und Höhlen. Mit Fleiß und Ausdauer wurde das Städtchen in den folgenden etwa 100 Jahren wieder aufgebaut, nun weitgehend im Geist des lebensfrohen Barock gestaltet.

Stadtansicht Offenburgs von 1643 von Merian.

Im Zuge der napoleonischen Umwälzungen kam die Ortenau, und damit auch die bis dahin freie Reichsstadt Offenburg, 1803 an Baden. Die Entwicklung im Staat des Großherzogs war geprägt von liberalem Geist und wirtschaftlichem Aufschwung. Nun wurden auch Protestanten als Bürger aufgenommen (s. Seite 26). Die Entwicklung der Eisenbahn brachte Fortschritt und den Anschluss an die internationalen Märkte, und die Einwohnerzahl wuchs rasant an. Mit der Bahn kam aber auch der Geist bürgerlicher Liberalität: Offenburg wurde während der Badischen Revolution 1848/1849 dreimal zum Versammlungsort der Revolutionäre (s. Seite 38). Im Gasthaus „Salmen" in der Langen Straße wurden die „13 Forderungen des Volkes in Baden" formuliert, mit dem Ziel, eine bürgerliche Republik auf deutschem Boden zu schaffen. Doch der Traum von der Freiheit war schnell wieder beendet: Im Juli 1849 marschierten preußische Truppen ein. Die Aktivisten der Demokratiebewegung wurden verhaftet, einige standrechtlich erschossen, andere wanderten nach Amerika aus. Traurig erklang das „Badische Wiegenlied": „Schlaf, mein Kind, schlaf leis', dort draußen geht der Preuß', Deinen Vater hat er umgebracht, Deine Mutter hat er arm gemacht, und wer nicht schläft in guter Ruh, dem drückt der Preuß' die Augen zu!"

Nach dem ersten Weltkrieg wurden die Deutschen aus dem nun

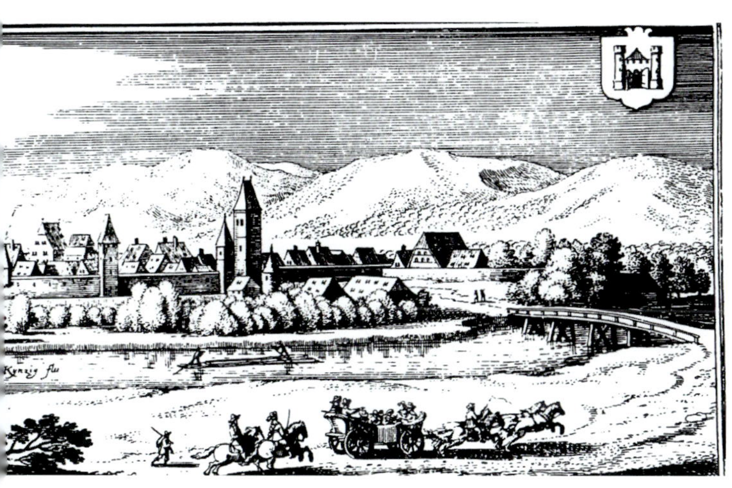

wieder französischen Elsass-Lothringen vertrieben. Viele blieben in der Region des Oberrheins und auch Offenburgs Einwohnerzahl wuchs weiter. 1923 wurde die Stadt von den Franzosen für über ein Jahr besetzt. Die folgenden Jahre der Weltwirtschaftskrise 1929 bis 1932 bedeuteten für viele Handwerker und Unternehmer eine schwere Zeit. Viele sahen nur noch bei den Nationalsozialisten ihre Zukunft. Ein folgenschwerer Fehler, der einen weiteren Krieg bedeutete, Unfreiheit und Unterdrückung, Mord und Totschlag auch in der badischen Kleinstadt Offenburg. Die letzten etwa 100 jüdischen Bürger Offenburgs, die nicht geflohen waren, wurden im Oktober 1940 deportiert und umgebracht (s. Seite 34).

Nach dem 15. April 1945, dem Tag des Einmarsches der Franzosen in Offenburg, begannen die Jahre des „Wiederaufbaus“, wobei sich die Kriegsschäden in Offenburg in Grenzen hielten. Bis in die jüngste Vergangenheit hatte sich das barocke Bild der Stadt erhalten. In den Nachkriegsjahren mussten dann einige ehrwürdige Stadtpaläste den diversen Neubauten weichen. Seit 1956 ist Offenburg Große Kreisstadt und umfasst heute neben der Kernstadt die Stadtteile Hildboltsweier, Uffhofen und Albersbösch sowie die in den frühen 1970er Jahren im Zuge der Gemeindereform eingegliederten Gemeinden Bohlsbach, Bühl, Elgersweier, Fessenbach, Griesheim, Rammersweier, Waltersweier, Weier, Windschläg, Zell-Weierbach und Zunsweier. Bis zum Abzug der Truppen im Jahr 1992 war Offenburg französische Garnisonsstadt.

Heute hat Offenburg etwa 60.000 Einwohner und ist das Wirtschafts-, Handels-, Verkehrs- und Verwaltungszentrum des Ortenaukreises. Die Hochschule für Technik, Wirtschaft und Medien hat etwa 4000 Studierende. Die Messe gilt als eine der bedeutendsten in Baden-Württemberg.

Offenburg pflegt mehrere Städtepartnerschaften: seit 1959 mit Lons-le-Saunier (Frankreich), seit 1964 mit Weiz (Österreich), seit 1982 mit Borehamwood-Elstree (England), seit 1988 mit Altenburg/Thüringen, seit 1999 mit Olsztyn (Polen) und seit 2007 mit Pietra Ligure (Italien).

Ein Rundgang durch die Innenstadt

Unser Stadtrundgang beginnt in der Hauptstraße vor der heutigen Polizeistation direkt an der über den Platz aufragenden **Ursula-Säule** **1**. Die zwölf Meter hohe, aus vierunddreißig Elementen bestehende Ursula-Säule des Bildhauers Emil Sutor aus dem Jahr 1961 ist eine Stiftung des bekannten Offenburger Unternehmers Franz Burda.

Die Heilige Ursula, neben dem Heiligen Aper und dem Heiligen Gangolf eine der drei Stadtpatrone Offenburgs, wacht segnend und schützend über der Stadt.

Die Legende berichtet, die Heilige Ursula sei während des Dreißigjährigen Kriegs oben auf der Stadtmauer erschienen und habe mitgeholfen, einen nächtlichen Angriff der Truppen des schwedischen Heerführers Bernhard von Weimar abzuwehren. *„Der Feind wurde also mannlich abgeschlagen, daß er fünf Wa-*

Die heilige Ursula wacht über Offenburg.

Die Heilige Ursula ist auch Kölner Stadtpatronin, dort wird in der Kirche St. Ursula ihr Schrein aus dem Jahr 1156 verehrt. Ursula war der Legende nach eine britannische Königstochter, die im Jahr 452 auf der Rückkehr von einer Pilgerfahrt in Köln mit ihren zehn Gefährtinnen in die Hände der Hunnen fiel und von diesen getötet wurde. Ein kleiner, aber folgenschwerer Lesefehler machte übrigens aus ihren zehn Gefährtinnen zehntausend Jungfrauen, die damals in Köln mit Ursula den Tod gefunden haben sollen.

Salz war früher nicht nur zum Würzen wichtig, sondern mehr noch zum Haltbarmachen der Speisen. Fleisch oder Fisch etwa konnten nur eingepökelt oder getrocknet längere Zeit gelagert werden. Der Handel mit Salz war für die Städte also eine nie versiegende Einnahmequelle und wurde bis ins 19. Jahrhundert behördlicherseits kontrolliert.

gen mit Toten und viel Gequetschte hinweg geführt, auch einen gut Teil Tote und Gequetschte neben den Leitern und zwei Geschütze an der Stadt hinterlassen müssen!"

Auf der östlichen Straßenseite, also der Polizei gegenüber, steht das **„Salzhaus"** **2** (Hauptstraße 75–77). Das große, sehr dominante Gebäude im klassizistischen Stil mit seinen großen Pilastern – den flach aus der Wand heraustretenden Wand- und Eckpfeilern – wurde 1786 erbaut. Im Untergeschoss entlang der Hauptstraße weisen elf rundbogige, arkadenartige Öffnungen darauf hin, dass hier einmal offene Lauben waren, die erst später geschlossen wurden. Ein Mezzaningeschoss – also ein niedriges Zwischen- oder Halbgeschoss, das direkt über dem Erdgeschoss oder aber unter dem Dach platziert ist – schließt die Fassade nach oben ab.

Das Gebäude entstand auf Veranlassung der Stadt, die zum einen Platz für ein Salzlager benötigte, zum anderen sollte auch das benachbarte St.-Andreas-Spital erweitert werden. Mehrere kleine Grundstücke entlang der Hauptstraße wurden deshalb zusammengefasst und die Besitzer beteiligten sich an den Baukosten, sodass das „Salzhaus" schließlich zunächst fünf Eigentümer hatte, die nach und nach vom Spital ausbezahlt wurden.

Das Salzhaus hatte früher offene Arkaden.

Wir gehen auf dieser Straßenseite ein paar Schritte nach Süden, also den sanften Hügel hinab, und stehen bald vor dem eben-

Die Schienen des „Offenburger Bähnles" vor dem Tempelbau.

falls klassizistischen **„Tempelbau"** (Hauptstraße 87). Dieses Gebäude, das wie ein klassischer Tempel angelegt ist, gilt als Lehrbuch-Beispiel der Baukunst nach 1800: Eckpilaster mit korinthischen Kapitellen tragen einen einfachen Dreiecksgiebel, begrenzt von griechischen Vasen.

Vor diesem Haus liegen die Schienenreste, die an das **„Offenburger Bähnle"** erinnern. Über die südlich gelegene Johannisbrücke fuhr in der ersten Hälfte des 20. Jahrhunderts von Straßburg her kommend eine „Überlanddampfbahn" durch die gesamte Hauptstraße Richtung Norden zum Offenburger Bahnhof. Eine Anekdote berichtet, dass das Bähnle ab und an den steilen Anstieg auf den Hauptstraßenplatz nicht schaffte. Dann rollte der Zug zurück bis hinter die Brücke, um erneut Anlauf zu nehmen. Da die im Volksmund auch „Käsrutsch", „Enteköpfer" oder „ruesiger Kaib" genannte Bahn auf der verbreiterten Hauptstraße mal links, mal rechts fuhr und so dem zunehmenden Autoverkehr immer mehr in die Quere kam, wurde das „Bähnle" 1957 stillgelegt.

Gegenüber liegt der Gebäudekomplex **„Burgerhof"** und die **„Alte Pfalz"** (Hauptstraße 104 und 102), früher die letzten Gebäude unmittelbar vor dem „Kinziger-Tor" **3**, einem der drei Stadttore. 1771 gingen die vorher getrennten Gebäude in den Besitz der Stadt über, wie das eingemeißelte Offenburger Stadtwappen über der Toreinfahrt mit flacher barocker Kreuzgradwölbung zeigt.

Das Anwesen mit der **Hausmadonna** rechts daneben (Hauptstraße 100) wurde kurz nach

Das Stadtwappen im Torbogen.

dem Stadtbrand von 1689 erbaut und Ende des 19. Jahrhunderts im Stil des Historismus umgebaut. Aus der Mitte des 18. Jahrhunderts stammt die Hausmadonna mit Kind in einer Ecknische. Darunter ist das Wappen der Familie Lihl angebracht: eine Lilie, die Jahreszahl 1758 und eine Inschrift.

Ab den 1850er Jahren diente das Gebäude als Brauerei und Gastwirtschaft. Eine Kegelbahn wurde errichtet und ein herrlicher Biergarten an der Rückseite des Hauses, zu dem vom Zwingerpark aus eine breite Freitreppe emporführte, bot eine unvergleichliche Aussicht über das Rheintal oder in Richtung Schloss Ortenberg.

Auf der anderen Seite der Kittelgasse bildet das **„Haus Bumüller"** (Hauptstraße 98) – ein Beispiel für einen innerstädtischen Fachwerkbau der Barockzeit – den Auftakt zu einer prachtvollen Häuserzeile **4**. Wie bei vielen anderen Fachwerkhäusern der Innenstadt hat auch hier die Städtische Kulturstiftung finanzielle Unterstützung bei der Freilegung des unter Putz verborgenen Fachwerks geleistet.

Daneben wird es deutlich herrschaftlicher: Der **„Königshof"** (Hauptstraße 96) war ehemals das Verwaltungsgebäude der

Der Wappenkranz am Balkon des „Königshofs".

vorderösterreichischen „Landvogtei Ortenau" und ist heute Sitz der Polizei.

Im ursprünglichen Rot und Gold restauriert sehen wir hier eines der schönsten Häuser der Stadt vor uns. Über der Balkontür ist in einem durchbrochenen Rundgiebel das Stamm- und Hauswappen der Auftraggeber, der Markgrafen von Baden-Baden zu sehen – ein roter Schrägbalken in goldenem Schild.

Der Königshof wurde in den Jahren 1714 bis 1717 vom Vorarlberger Baumeister Dominik Elmenreich nach den Plänen von Michael Ludwig Rohrer aus Baden-Baden, dem Erbauer von Schloss Favorite in Rastatt, errichtet. Einzigartig ist das Gebäude vor allem aufgrund der prachtvollen Fassade, wobei der Mittelrisalit mit dem Barock-Portal erst in den Jahren 1756 bis

1758 nach einem Entwurf von Franz Ignaz Kromer eingefügt wurde.

Das **Hotel „Sonne"** (Hauptstraße 94) blickt auf eine lange Tradition zurück. Urkunden aus dem 14. Jahrhundert belegen bereits die Existenz eines Hotels, die tiefen Gewölbekeller unter dem Haus stammen noch aus dieser Zeit. Die „Sonne" diente den Reisenden entlang der Rheinscheine oder denen, die auf der Route Straßburg–Kinzigtal unterwegs waren, als wichtige Zwischenstation. Auch die Bauern und Händler der Umgebung stiegen zu Markttagen hier ab und stellten in den großen Stallungen das Vieh und die Zugtiere unter.

Ein gotisches Portal öffnet den Zugang zum Nebengebäude.

Das Traditionshaus Hotel „Sonne".

Und ein hölzerner Balken trägt den Sinnspruch: „Alles ist Übergang zur Heimat hin!" Im romantischen Hinterhof mit seinen prachtvollen Fachwerkkonstruktionen beweist heute noch die Inschrift an einem Sandstein-Brunnentrog, dass 1601 ein Lorenz Okenfuß hier als Gastwirt tätig war.

Auch die „Sonne" wurde im großen Stadtbrand 1689 zerstört, kurz darauf jedoch wieder neu errichtet. Das heutige Gebäude ist um 1830, also in der Zeit des Biedermeier, entstanden. Seit 1858 ist das Haus ununterbrochen im Besitz der Familie Schimpf, die über Generationen hinweg für eine kunst- und stilvolle Einrichtung sorgte und sich u.a. durch die Unterstützung bei der Erhaltung der historischen Bausubstanz der Stadt Offenburg und ihrer Kunstdenkmäler einen Namen gemacht hat.

Den Abschluss dieser prachtvollen Häuserfront bildet das **Rathaus** (Hauptstraße 90). Nachdem das vorherige Rathaus beim großen Stadtbrand 1689 weitgehend abgebrannt war, sollte es über 50 Jahre dauern, bis die Offenburger ein neues repräsentatives Rathaus erhielten. Auf den Ruinen des Vorgängerbaus entstand 1741 der neue prächtige Barockbau.

Baumeister Mathias Fuchs verlegte den vorher an der Kornstraße gelegenen Haupteingang zur Hauptstraße hin und schmückte die Vorderfront mit dem Doppelwappen der Reichsstadt sowie mit einem großen Rundbogen, auf dem die Justitia thront. Auf dem Nordgiebel hat der angebliche Namensgeber der Stadt seinen Platz gefunden: Offo, ein englischer Prinz, der in der Ortenau für eine Reihe von Kloster- und Städtegründungen verantwortlich gewesen sein soll. Rätselhaft bleiben dagegen andere Figuren, beispielsweise die Träger des Rathausbalkons, darunter eine leicht bekleidete weibliche Figur mit einer Art Indianerschmuck im Haar.

Das spätgotische Trauzimmer im Erdgeschoss mit seinem schönen Gewölbe ist übrigens einer der wenigen Räume, die den verheerenden Stadtbrand von 1689 überstanden haben und stammt somit aus dem Beginn des 17. Jahrhunderts.

Das an der Kornstraße gelegene ältere Nebengebäude, das zum Rathauskomplex gehört, datiert sogar aus dem Jahr 1521. Die Fassade dieses Kanzleigebäudes wurde Ende des 19. Jahrhunderts mit einer bunten Mischung an Stilelementen und Datierungen ausgestattet. Hier prangt das Wappen der Ortenauer Reichsritterschaft – und heute des Landkreises –, ob-

Das barocke Rathaus Offenburgs.

wohl diese gar nicht im Rathaus, sondern in der Ritterstraße ihren Sitz hatte. Der Heilige Georg, Patron aller Ritter, sticht also an falscher Stelle den Drachen nieder. Daneben trägt der Offenburger Fahnenschwinger von 1579 stolz sein Banner. Der etwas versteckte, schön ausgemeißelte Männerkopf mit Barett oben in einer Ecke ist möglicherweise ein Selbstbildnis des Steinmetzes, jedenfalls ist direkt daneben sein Steinmetzzeichen angebracht.

Mehr über das Rathaus erfahren Sie hier:

Direkt an der Straßenkreuzung Hauptstraße sowie Kornstraße und Fischmarkt bilden die Bronzevögel des Keramiker-Ehepaares Werres aus Offenburg, das Kriegerdenkmal, ein kleiner Pagodenbau sowie einige Bäume eine kleine **Insel in der Hauptstraße** 5. Die letzten Linden, die für viele Jahrzehnte an dieser Stelle typisch gewesen waren, wurden 1978 entfernt und durch widerstandsfähigere Platanen ersetzt.

Heute kann man sich nur noch schwer vorstellen, dass hier, direkt vor dem Rathaus, einmal ein richtiger kleiner Wald stand. 52 Lindenbäume stellten mitten im Getümmel der Hauptstraße einen beliebten Ruheplatz dar. Das Vogelgezwitscher

Das „Carillon" im Rathausturm

Das ungewöhnlichste Musikinstrument der Stadt hängt oben im kleinen Türmchen auf dem Dach des Rathauses. 25 Glocken sind dort kunstvoll auf engstem Raum angeordnet und über Drahtzüge mit einem Spieltisch auf dem Dachboden verbunden. Bei besonderen Gelegenheiten gibt es Live-Musik, dann sitzt ein Musiker dort oben und zieht die Strippen für ein Glockenkonzert. Normalerweise kommen die über 100 Musikstücke von einem Computer: das Badner-Lied selbstverständlich, aber auch Kompositionen etwa von Beethoven, Mozart oder Mussorgsky. Offenburg gehört damit zu den nur 15 Städten der Bundesrepublik, die über ein „Carillon", also ein solch großes Glockenspiel, verfügen. Jeden Tag, um 12 Uhr mittags und 18 Uhr abends, erklingen hier wechselnde Musikstücke.

und die Tatsache, dass sich die Spatzen offenbar hauptsächlich von den Kornvorräten der Anwohner ernährten, waren im Jahr 1808 allerdings Anlass für eine Klage auf Beseitigung dieser Allee. In der Antwort des Stadt-Gerichts hieß es: *„Die Allee, welche zur Zierde der Stadt und zum allgemeinen Vergnügen der Einwohner mit viel Mühe und Kosten erbaut worden, bleibt unabänderlich an selbem bisherigen Platz. Doch aber seye wegen dem bisherigen Diebs-Einbruch der belästigten Spatzen die übrige Burgerschaft angehalten, daß ein jeder Burger ohne Ausnahme jährlich 12 Spatzen-Köpfe dem Burgermeisteramte einliefere …"*

1892 wurde die Allee abgeholzt und ein Jahr später hier das **Kriegerdenkmal** des Bildhauers Wilhelm Sauer errichtet, mit dem an den Deutsch-Französischen Krieg von 1870/71 erinnert wird.

Auf einem massiven Steinsockel ist die eben zusammensinkende Gestalt eines jugendlichen Kriegers zu sehen, der von seinem älteren, die Fahne tragenden Kameraden gestützt wird. Am Fußende des Sockels steht über dem Wappen der Stadt Offenburg ein flügelschlagender Reichsadler mit einem Lorbeerkranz im linken Fang. Auf den beiden Seiten sind die Porträts von Kaiser und Großherzog angebracht; die Gedenktafel nennt 120 Namen von Gefallenen.

Noch vor dem Wäldchen befanden sich an dieser Stelle zwei große Gebäude, die „Laube" (ein Kaufhaus) und die „Pfalz" (eine Gastwirtschaft), die nach der Zerstörung 1689 bis zum endgültigen Abbruch noch bald 100 Jahre als Ruinen dort standen und als „Steinbruch" für die umliegenden Häuser dienten. Die Größe der „Pfalz" kann man heute noch an den weiß markierten Steinen im Straßenpflaster rund um das Kriegerdenkmal erahnen.

Das Kriegerdenkmal vor dem Haus Battiany.

Hinter dem kleinen Bau mit den öffentlichen Toiletten befindet sich der **Neptunbrunnen**. Hoch oben auf der mit gotisch anmutendem Astwerk verzierten Brunnensäule über dem achteckigen, alten Sandsteinbecken prangt Gott Neptun. Zu seinen Füßen ist auf einem Schild das Stadtwappen zu sehen. Geschaffen hat ihn um 1783 der Offenburger Bildhauer Johann Speckert, der auch für die Kanzel der Heilig-Kreuz-Kirche und andere Kunstwerke der Zeit verantwortlich ist.

Seitdem die Figur 1909 bei einem Gewitter vom Sockel ins Wasser stürzte und sich dabei den Hals brach, ziert den Brunnen eine Kopie. Das Original wurde restauriert und ins Lapidarium (s. Seite 87) gebracht.

Der Volksmund Offenburgs nennt den ehrwürdigen Meeresgott übrigens wenig pietätvoll den „Mischtgawel-Andres".

Eine nette Anekdote am Rande: Nachdem Speckert die Pläne und einen Kostenvoranschlag eingereicht hatte, beschloss der Stadtrat, es solle auf der Brunnensäule *„ein Standbild des Neptun in einer Größe von 5 1/2 Schuh zum Preis von 24 Gulden, sofern die Statue gut ausfallt, errichtet werden; den Stein dafür zahle die Stadt"*. Bald war der Brunnen fertig, aber die Proportion von Stock und Statue missfiel den Stadtoberen. Ein Sachverständiger bemängelte zudem die Einsturzgefahr und forderte eine Reduzierung des Postaments. Aus dem abgesägten Sandsteinstück

Gott Neptun auf dem gestutzten Sockel.

Neptun, der altitalische Gott des fließenden Wassers und der Quellen, entspricht dem griechischen Gott Poseidon, dem mächtigen, oft grollenden Gott des Meeres. In der Kunst wird er ehrwürdig und bärtig, mit Dreizack – eigentlich aber einer Harpune – sowie mit Fisch oder Delphin dargestellt.

könne, so der Vorschlag, ja noch ein *„Bildnis Mariä"* gemacht werden – vermutlich ist das die Madonna am benachbarten Beck'schen Haus.

Schließlich präsentierte Speckert seine Rechnung, die den Kostenvoranschlag um mehr als das Doppelte überstieg: 61 Gulden forderte er und bat sogar, noch etwas mehr zu zahlen, *„da die Statue nach Ansicht der Kenner allzeit gegen 100 Gulden werth sei"*. Das aber billigte der Rat nicht. Immerhin legte er auf das vereinbarte Honorar noch etwas darauf, *„in Rücksicht, dass die Figur gut gerathen sei"*.

Auch auf der Ostseite der Straße, also gegenüber dem Rathaus, sind mehrere imposante Gebäude erhalten **6**. Zunächst das **Haus Battiany** (Hauptstraße 69): Das dreigeschossige Bürgerpalais aus dem Jahr 1793 mit hohen, schlanken Fenstern fällt vor allem durch seine „Sgrafittoarbeiten" unter den Fenstern auf. Bei dieser besonderen Verputzdekoration trägt der Maurer oder Stukkateur einen schwarzen Grund auf das Mauerwerk auf und legt dann einen hellen Putz darüber. Die in den Putz gearbeitete Zeichnung legt dann teilweise den tieferliegenden dunklen Grund frei.

1840 erwarb die aus Ungarn stammende Familie Battiany das Anwesen und betrieb hier eine Musikalienhandlung, die später durch Spielwaren ergänzt wurde. Eine wichtige Anlaufstelle der Jugend der Stadt! Heute hat das Erdgeschoss durch Ladeneinbauten seine ursprüngliche, zum Haus passende Form verloren.

Das ehemalige **Hotel Fortuna** (Hauptstraße 63), ebenfalls aus dem 18. Jahrhundert, ist ein streng gegliederter, dreigeschossiger Fachwerkbau. Vier Gauben und die beiden reliefverzierten seitlichen Holzpfosten lockern die Fassade auf. Die Schicksals- und Glücksgöttin Fortuna mit ihren beiden Söhnen „Bonheur" und „Malheur" („Glück" und „Unglück") stand Pate für die lachenden und weinenden Gesichter in den Eckpfeilern des

Die Söhne Fortunas: „Glück" und „Unglück".

Im Hotel Fortuna wurde angeblich die „Schorle" – das beliebte badische Mixgetränk aus Weißwein und Wasser – geboren! Der französische General Augerau hatte 1797 im Hotel Quartier bezogen. Abends pflegte er am Honoratiorentisch mit dem Trinkspruch „Toujours l'amour!" („Auf die Liebe!") ein selbst gemischtes Getränk zu sich zu nehmen. Seine badisch sprechenden Tischnachbarn sollen daraus zunächst „Donschur l'amur!" und später als Abkürzung „Schulamur!" gemacht haben. Daraus soll endlich „Schorlemorle" und schließlich die „Schorle" entstanden sein!

Hauses. Sie war auch Namensgeberin des im 19. Jahrhunderts überregional sehr bekannten Hotels, das 1896 seine Pforten schloss. Nach einer Renovierung verschwand das wunderbare Fachwerk unter Putz und wurde erst in den 1970er Jahren wieder freigelegt.

An der Ecke liegt dann das **Beck'sche Haus** (Hauptstraße 59). Das markante Bürgerhaus aus dem Spätbarock mit seinem hohen und steilen Giebel war lange Zeit das höchste Gebäude der Umgebung. Der alte Hauseingang liegt an der Metzgerstraße – eine schmale Tür mit Oberlicht – und trägt im Sturz das Baujahr 1760. Das Haus mit seiner fein gegliederten Gebälkkonstruktion gilt allgemein als Werk des Offenburger Baumeisters Mathias Fuchs, der auch das barocke Rathaus, das Ritterhaus und andere stadtbildprägende Gebäude schuf.

In der Ecknische Metzgerstraße/Hauptstraße steht eine nahezu lebensgroße barocke Marienstatue, eine sogenannte „Immaculata". Sie soll aus dem

Das Beck'sche Haus mit den vier Giebelstockwerken.

gekappten Brunnenstock des nahen Neptunbrunnens angefertigt worden sein.

Lange Zeit ein Kaufhaus – oder wie man damals sagte: Kolonialwarenladen – wurde das Haus 1876 vom Metzger Joseph Beck erworben und ist seither im Familienbesitz. An Fasnacht spendieren die Offenburger Hexen vom Balkon des im Volksmund „s' Metzger-Becke-Hus" genannten Hauses den Kindern Brezeln und Würste.

Jenseits der Metzgerstraße sehen wir ein **Geschäfts- und Wohnhaus des Jugendstils** (Hauptstraße 57). Das Gebäude von 1905 mit seinem großen, runden Eckpfeiler, auf dem ein viereckiges Dachtürmchen thront, wirkt einerseits recht trutzig – andererseits lockern die runden und eckigen Fensterrahmungen mit den darunterliegenden Ornamenten die Fassade und die interessante Farbgestaltung die Gebäudefront auf. Erbaut wurde dieses Schmuckstück des Offenburger Jugendstils vom Architekten Johann Schweiger.

Schräg gegenüber, an der Ecke Hauptstraße/Kirchstraße ist die ehemalige **Einhorn-Apotheke** 7 (Hauptstraße 82) zu bewundern. Dieser Barockbau entstand um 1720 auf den gotischen Grundmauern eines 1689 abgebrannten Hauses, das ebenfalls schon als Apotheke gedient hatte.

Ins Auge fällt der mächtige, doppelt geteilte Volutengiebel an der Front zur Hauptstraße, der mehrfach eingezogen ist

Das Einhorn ist ein mystisches Tier, das in der antiken sowie christlichen Ikonographie häufig auftaucht. Nach antiken Vorstellungen war es stark und scheu und durch sein Stirnhorn mit besonderen Heilkräften ausgezeichnet. Die Kraft und Wildheit des Einhorns werden schon im Alten Testament gepriesen und die Kirchenväter verbanden das Einhorn mit Christus. Mit seinem Horn soll es das von der Schlange vergiftete Wasser reinigen – so wie Christus, der die Welt von den Sünden erlöst. Das Einhorn, so die Legende, lasse sich nur von einer Jungfrau fangen; es berge seinen Kopf in ihrem Schoß und werde zahm. Im übertragenen Sinn wurde das als Menschwerdung Christi durch die Jungfrau Maria verstanden.

Die ehemalige Einhornapotheke.

und in den obersten Absätzen zwei Vasen, auf dem Giebel ein Einhorn trägt. Reich geschmückt ist der schmiedeeiserne Balkon im Obergeschoss aus der Mitte des 18. Jahrhunderts.

Zwei Häuser weiter liegt das **Großherzogliche Postamt** (Hauptstraße 78) mit seinen schönen Fenstergewändern. Der Bau aus dem 18. Jahrhundert beherbergte ab 1821 bis etwa 1880 die Poststation. Der Briefverkehr hatte so zugenommen, dass eine „Brieflade" eröffnet wurde: *„In Berücksichtigung der vielfachen Vorteile, welche dem korrespondierenden Publikum durch die – in anderen Ländern schon bestehenden – Brief-Laden zugehen, hat die Großherzogliche Hochlöbliche Oberpostdirektion beschlossen, diese Einrichtung dahier ins Werk zu setzen. Die Brieflade wird mit dem 1. Jenner 1821 in Wirksamkeit treten, von welchem Zeitpunkt angefangen die unfrankiert abgehenden Briefe von früh 7 Uhr Morgens bis 7 Uhr Abends in dieselbe aufzugeben sind."*

Auffällig ist das dreigeschossige Haus mit dem hohen Torbogen in der Mitte vor allem durch die reich profilierten Fenstergewänder aus Sandstein und die das Dachgesims tragenden Eckpilaster mit Kapitellen, auf dem je eine Vase steht. Das Walmdach ist nochmals doppelstöckig ausgeführt und besitzt fünf Gauben.

Die verzierten Fenstergewänder des alten Postamts.

Und dann kommt ein Bau, an dessen Fassade mit den in leuchtenden Rot- und Orangetönen gehaltenen Emailplatten sich immer noch die Geister scheiden: Ist das nun ein Schandfleck oder ist es ein Denkmal für die Kunst der 1970er Jahre? Bemerkenswert ist er jedenfalls, der **fensterlose Gebäudeblock** (Hauptstraße 72) aus dem Jahr 1973, der auf den Entwurf des bekannten Designers Anton Stankowski zurückgeht.

Schräg gegenüber schließlich eine beispielhafte **Fassade des Historismus'** **8** (Hauptstraße 43): Architekt Gustav Steinwarz hat die Fassade 1887/1888 für den damaligen Besitzer, den Lederhändler Stephan, geschaffen. Die reich gegliederte Front des Gebäudes wird von Stilelementen der Renaissance – also des 16. Jahrhunderts – geprägt und ist damit ein Lehrbeispiel für den Baustil-Mix in der Zeit des ausgehenden 19. Jahrhunderts.

Weiter geht es bis zum Ende der als Fußgängerzone ausgebauten Hauptstraße, dort sehen wir schräg links vor uns die **Evangelische Stadtkirche** **9**. Der neogotische Bau mit seinem kreuzförmigen Grundriss beruht auf den Plänen des Karlsruher Baurats Jakob Friedrich Eisenlohr, wurde nach seinem Tod aber stark verändert vollendet und 1864 eingeweiht. Durch Stürme und Bombardements wurde die Kirche mehrfach beschädigt, zeigt aber nach zwischenzeitlichen Umbauten heute wieder ihr originales Gesicht.

Unser Rundgang führt uns nun nach rechts entlang der Gustav-

Als Eklektizismus bezeichnet man die Methode, die Elemente unterschiedlicher Systeme (z. B. Stilepochen, Philosophien oder Disziplinen) für eigene Zwecke zu mischen und neu zusammenzusetzen.

In der Architektur – und auch der Kunst – findet sich diese Methode v. a. im Historismus des ausgehenden 19. Jahrhunderts, als man viele ältere Bauformen wiederentdeckte und neu interpretierte. So spricht man heute von zahlreichen „Neo-Stilen", z. B. von der Neogotik, der Neorenaissance, dem Neobarock und anderen.

Protestanten in Offenburg: Bis 1802 wurden in der Reichsstadt Offenburg nur katholische Bürger aufgenommen. Erst mit dem Übergang der Stadt an Baden, das ab 1806 zum Großherzogtum wurde, änderte sich dies. Mit der Verwaltung aus Karlsruhe kamen auch erste protestantische Beamte und Militärs. Mit dem Bau der Eisenbahn Mitte des 19. Jahrhunderts stieg die Zahl der Einwohner auf 4000, darunter waren immerhin um die 400 Protestanten. Nach der Gründung der evangelischen Gemeinde 1847 wurde zehn Jahre später mit dem Bau der Kirche begonnen.

Der Kirchenbau dieser kleinen Gemeinde wurde mithilfe von Spenden von Protestanten aus ganz Europa sowie durch die finanzielle Unterstützung des Großherzogs und des evangelischen Gustav-Adolf-Vereins ermöglicht. Und – besonders bemerkenswert – die katholischen Christen Offenburgs spendeten die erste Glocke.

Die evangelische Stadtkirche von 1864.

Ree-Anlage und wieder rechts in die Lange Straße. Hier an der Ecke sind die mächtigen Mauern des **Klosters Unserer Lieben Frau** **10** zu sehen. Die Klosterkirche sowie einige Klosterräume können im Rahmen einer Stadtführung, organisiert von der Offenburger Tourist-Info, besichtigt werden.

Mehr über die Klosterkirche erfahren Sie hier:

Halbrechts in die Klosterstraße abbiegend liegt vor uns der

Zur Geschichte des Klosters: 1280 erging eine Bitte des damaligen Schultheißen an die „Minderen Brüder" – den noch jungen Orden des Franziskus von Assisi (1181–1226) –, sich in der Stadt um die Seelsorge zu kümmern. Zahlreiche Offenburger sorgten mit Spenden und Schenkungen dafür, dass ein Klostergebäude errichtet werden konnte.

Neben der Seelsorge widmeten sich die Brüder der Betreuung des „Dritten Ordens", der Verehrung der seligen Gertrudis von Ortenberg, sowie um die Begräbnisse der Mitglieder der Sebastians-Schützen-Bruderschaft. Als Stadtmissionare errichteten die Minoriten 1608 ein Seminar mit höherer Lehranstalt, der Vorläufer des Gymnasiums.

Bei der Zerstörung 1689 blieben auch vom Kloster nur spärliche Reste, etwa die Marienkapelle und eine hölzerne, angebrannte Eingangstür, die heute noch im Kreuzgang an die Katastrophe erinnert. Aber der Wiederaufbau von Kloster und Kirche auf den alten Fundamenten wurde bereits 1696 angegangen.

Als Offenburg 1803 an Baden fiel, drängten die Behörden im Zuge der Säkularisierung auf die Auflösung des Klosters. Die besten Stücke der alten Bibliothek wurden nach Karlsruhe, der Rest ins Gymnasium gebracht. 1814 fiel das, wie es hieß, „bestsituierte, um nicht zu sagen reichste Bettelkloster" des Landes dem neuen Großherzogtum Baden zu. Pläne, hier eine Tabakfabrik einzurichten, wurden allerdings nicht realisiert. Stattdessen zogen die Augustiner Chorfrauen ein und nahmen ab 1823 den Schulbetrieb für Mädchen auf. Das Gymnasium für Knaben war in das ebenfalls aufgelöste Kapuzinerkloster ausgelagert worden. Seit rund 200 Jahren ist seither das Mädchengymnasium des Klosters Unserer Lieben Frau ein Begriff für guten und qualifizierten Unterricht. Zu Beginn des neuen Jahrtausends ging die Trägerschaft an die Schulstiftung der Erzdiözese Freiburg über.

Backsteinbau aus dem Ende des 19. Jahrhunderts mit dem eingelassenen Schild der „Printz'schen Bierhalle". Große und tiefe Keller unter diesem Gebäude zeugen von der Braukunst vergangener Generationen – und ihrem großen Durst. 1868 meldete das

Eine von mehreren ehemaligen Brauereien Offenburgs.

Adressbuch für die kleine Amtsstadt Offenburg acht Brauereien!

Etwa 150 Meter weiter erreichen wir den **Fischmarkt** 11, der seinen Namen von einer der ältesten Zünfte der Reichsstadt, den Fischern, hat. Ihre Häuser hatten sie wohl unten in der Kinzigvorstadt, in der Fischerstraße, zwischen Mühlbach und Kinzig gelegen. Den Handel mit ihren Produkten durften sie aber am zentralen Ort in der Innenstadt treiben.

Mitten auf dem Fischmarkt steht der größte und schönste Brunnen der Stadt: der **Löwenbrunnen**. Ein heraldischer Löwe thront mit doppeltem Wappenschild auf einer runden Sandsteinsäule über dem achteckigen Sandsteinbassin mit den zwei Wasserröhren – aus diesen wurde zu manch einer Weinmesse sogar Wein gezapft. Der Löwenbrunnen ist ein Werk der Spätrenaissance und datiert aus dem Jahr 1599. Vier realistische Männerporträts, hervorragende Steinmetzarbeiten, krönen das Säulenkapitell.

Ein zweites Datum am Säulenfuß bezeichnet das Jahr der Renovierung von 1845. Dort zieren drei phantastische Löwenköpfe den Säulenstock. Das nach Westen gerichtete vierte Gesicht stellt jedoch einen bärtigen Männerkopf dar. Dies soll der Stadtrat August Eduard Derndinger gewesen sein, dem die Aufsicht über die Brunnen der Stadt oblag.

Um den Fischmarkt gruppieren sich schöne Bürgerhäuser. Das

Die Hirschapotheke mit Löwenbrunnen.

Gebäude der **„Hirschapotheke“** stammt ursprünglich aus dem Jahr 1698, allerdings ist von der Originalsubstanz nicht mehr viel erhalten. Die vermutlich gotische Frontseite erhielt im 19. Jahrhundert eine Fassade im Stil der Spätrenaissance. Die Bemalung geht auf den Entwurf des Offenburger Glasmalers Eduard Stritt zurück. Oben am Treppengiebel ist der Hirsch so dargestellt, wie er dem Jägermeister Hubertus erschien: mit einem leuchtenden Kreuz zwischen dem Geweih. Beim Umbau 1973 gelang es aber, den Charakter und ästhetischen Reiz des Hauses voll zu erhalten.

Das **Gasthaus „Zum Andres“** wartet mit einer eigenen Hausmadonna in einer extra dafür geschaffenen Nische auf. Maria hält ihren Jesusknaben, der zwei auf den ersten Blick merkwürdige Gegenstände in den Händen dem Betrachter entgegenhält. Es

„Maria, die Trösterin der Bedrückten.“

Was macht der Hirsch in der Apotheke?
Sowohl in der antiken als auch in der christlichen Vorstellungswelt ist der Hirsch ein Symbol der Heilung. Der Physiologus – eine frühchristliche Naturlehre aus dem 4. Jahrhundert – bezeichnet den Hirsch als Christus, der die große Schlange, das Böse, mit himmlischem Wasser durch die Taufe zu töten vermag. Plinius weiß in seiner Naturgeschichte aus dem 1. Jahrhundert zu berichten, die rechte Stange des Hirschgeweihs enthalte eine Heildroge und der Geruch verbrannten Hirschhorns heile die Epilepsie. Aus dem Geweih wurden dann auch lange Zeit kräftigende Medikamente gewonnen, etwa Hirschhornöl oder -salz. Und da der Hirsch ein schneller Läufer ist, wurde Hirschtalgsalbe für müde Füße genutzt.

Das Innere der Spital-Kirche: Die Baumeister Franz Beer und Leonhard Albrecht, die auch für die Heilig-Kreuz-Kirche verantwortlich zeichneten, versahen den teilweise noch erhaltenen gotischen Chor mit einem neuen Kirchenschiff mit Rundbogenfenstern und Eingangsportal. Auch im Inneren zeigen sich die beiden Stile: das gotische Chörlein und das hohe barocke Schiff mit dem Gewölbe, dessen Kappen auf Wandkapitellen enden.

Das Kircheninnere beeindruckt auch durch einen hervorragenden Figurenschmuck: Christus und die zwölf Apostel, aus Lindenholz geschnitzt und farbig gefasst, eine gotische Kreuzigungsgruppe, zwei barocke, farbig gefasste Reliefs „Mariä Verkündigung" und „Anbetung der Hirten", eine gotische Madonna, eine Piëta, zwei Zunftstangen aus der Blütezeit der Offenburger Bäckerzunft und zwei weitere Zunftstangen mit den Heiligen Andreas und Urban. Die Emporenbrüstung zeigt Medaillons des Malers Emil von Heimburg (1837–1877).

sind Skapuliere, viereckige Wollstücke, die als Zeichen der volkstümlichen Marienverehrung an Bändern getragen wurden. Sie waren weit verbreitet und galten als Zeichen der Weihe an die Mutter Gottes. Unter der schönen, fröhlich naiven Gruppe sind die armen Seelen im Fegefeuer und die mit 1727 datierte Inschrift: „Trösterin der Bedryckten" zu sehen.

Begrenzt wird der Platz von der Seitenwand der kleinen Spital-Kirche des **Sankt-Andreas-Hospitals** **12** und dem modernen Gebäude von Bürgerbüro/Touristinformation (s. Seite 82) rechts daneben. Die Kirche kann übrigens während der normalen Öffnungszeiten des Bürgerbüros durch dessen Räumlichkeiten betreten werden.

Wir gehen halblinks in die Steinstraße und erreichen das hinter der Kirche liegende Hospital, das heute der Stadtverwaltung dient. Gemeinsam mit der Kapelle wurde auch das alte Spital beim Stadtbrand von 1689 völlig zerstört. Zügig wurde der Komplex aber wieder aufgebaut, wie die Zahl 1701 über dem Portal der heutigen Spital-Kirche – geweiht der Heiligen Margaretha – zeigt.

Von der Spitalstraße betritt man durch ein Barockportal den Innenhof des aus dem Jahr

Der Eingang des ehemaligen Sankt-Andreas-Hospitals.

1701 stammenden Gebäudes. Der Heilige Andreas – Schutzpatron des Hospitals – grüßt vom durchbrochenen Volutengiebel herunter. Der große Torbogen zum Innenhof wird gekrönt vom Heiligen Urban, dem Schutzpatron der Winzer, und einer Darstellung aus dem Alten Testament: Die Kundschafter kehren mit einer riesigen Traube aus dem Land der Verheißung zurück.

Reste eines Brunnenstockes aus dem Jahr 1411 zeigen den Ort des alten Spitalbrunnens. Bereits 1301 wird das mittelalterliche Armenspital der Stadt in einem Testament eines Offenburger Bürgers erwähnt. Der Aufenthalt hier war den wirklich bedürftigen Kranken vorbehalten, wer sich – finanziell – selbst helfen konnte, durfte das Spital nicht in Anspruch nehmen. Die Pflege wurde häufig durch fromme Frauen, sogenannte Beginen, sowie durch die Bruderschaften geleistet.

Auf der anderen Seite – heute das bekannte Café Gmeiner – steht der **Spitalspeicher**, der letzte von einst vielen großen Vorratshäusern des Spitals. Das repräsentative Giebeleckhaus entstand 1731 als Lagergebäude. Zuerst war die Verwaltung hier untergebracht, später diente das Haus als Spritzenhaus, als Turnschule und Geschäftshaus. An der Straßenseite zeigt eine Sandsteintafel von 1738 den Heiligen Andreas, im Hintergrund eine kleine Kirche.

Der heilige Andreas, Schutzpatron des Hospitals.

Der Heilige Andreas war einer der ersten Jünger, die Jesus nachfolgten. Er erlitt im Jahr 60 bei Patras/Griechenland den Märtyrertod an einem diagonalen Kreuz – seither heißt diese auch im Straßenverkehr bekannte Kreuzform „Andreas-Kreuz".

Von der Spitalstraße biegen wir links in die Ritterstraße und sehen das große **Ritterhaus** **13** – heute Offenburgs Archiv und Museum – vor uns. Das zweistöckige Haus mit seinen 17 Fensterachsen stammt aus dem Ende des 18. Jahrhunderts und besitzt spätbarocke Formen. Ein dreistöckiger Mittelrisalit mit Dreiecksgiebel über dem Portal gliedert die Frontansicht. Der in die südliche Hofecke eingebaute Turm mit Wendeltreppe aus rotem Sandstein, die ohne Spindel bis zum Dachgeschoss hinaufführt, ist wohl sogar noch etwas älter.

Es gehörte dem Reichsschultheiß Franz Georg von Rienecker, der von 1756 bis 1800 – also fast 50 Jahre – an der Spitze der Reichsstadt Offenburg stand und das Haus 1803 an die Ortenauer Reichsritterschaft – einen Zusammenschluss des niederen, reichsunmittelbaren Adels – verkaufte. Trotz der Tatsache, dass das Haus nur etwa zwei Jahre von den Rittern genutzt wurde – 1806 löste Napoleon die Ritterschaft kurzerhand

Die Rückseite des Ritterhauses – heute Stadtmuseum.

auf – trägt es seitdem seinen Namen.

In den folgenden gut 200 Jahren erfuhr das Ritterhaus wechselnde Nutzungen: erst Wohnungsbau, dann Domänenverwaltung mit Weinkellerei, Küferei und Getreidespeicher wurde es 1848 wesentlich umgebaut. Über der alten Remise entstand ein neuer Saal und nach der Zerschlagung der Revolution wurde das Gebäude als Kaserne von den Preußen genutzt. Ab 1864 tagte hier in einem weiteren Neubau hinter dem Hof das Haus- und Hofgericht, später das Badische Landgericht. Seit 1958 ist das Ritterhaus im Besitz der Stadt, die es für verschiedene Verwaltungseinheiten und als Heimatmuseum nutzte. In den 1980er Jahren wurde das Haus komplett saniert und erlebte pünktlich zum 300. Jahrestag der Zerstörung von 1689 als modernes Museum und Archiv seine Neueröffnung.

Mehr über die Geschichte des Offenburger Museums erfahren Sie hier:

Wir setzen unseren Rundgang fort, indem wir in die kleine Ma-

Die Statue von Senator Franz Burda.

lergasse einbiegen, die dem Ritterhaus gegenüber wieder zurück zur Steinstraße führt. Hier erwartet uns die **Bronzeplastik von Franz Joseph Burda** (1873–1929) **14**, mit dem der Aufstieg der Familie Burda zu einer der bedeutendsten Verlegerfamilien Deutschlands seinen Anfang nahm (s. Seite 72). Dargestellt wird er in der Rolle des honorigen „Andres“, einer der Offenburger Fasnachtsfiguren, die Burda immer wieder aufs Trefflichste verkörperte.

Weiter geht es nach rechts, nach wenigen Metern zweigt links die Bäckergasse, ehemals Judengasse, ab. Hier, unter einem der Keller, liegt in 15 Metern Tiefe ein ganz besonderes Baudenkmal: die **„Mikwe“**, ein jüdisches Ritualbad.

Mehr über das jüdische Ritualbad erfahren Sie hier:

Die Mikwe Offenburgs gehört zu den ältesten jüdischen Baudenkmälern Südwestdeutschlands und stammt möglicherweise bereits aus dem 13. oder frühen 14. Jahrhundert. Damit würde sie ihren Vorbildern, den etwas früher entstandenen romanischen Anlagen beispielsweise in Speyer und Worms folgen. Möglich ist aber auch, dass die verwendeten und datierten Steine hier beim Bau „recycelt", also zweitverwendet wurden, und die Anlage erst später entstand. Eindeutig ist, dass die lange Treppe, die in das Tauchbecken führt, aus der Zeit vor dem großen Stadtbrand stammt. Sie wurde verschüttet und überbaut und erst Mitte des 19. Jahrhunderts wieder entdeckt.

Eine im Frühjahr 2016 neu konzipierte Ausstellung in einem großen Gewölbekeller informiert die Besucher sehr ansprechend über dieses wichtige Baudenkmal und seine Bedeutung. Auch über die Geschichte der Offenburger Juden erfährt man hier viel Wissenswertes. Über die Öffnungszeiten – bislang war eine Besichtigung nur im Rahmen von Führungen möglich – informiert aktuell das Bürger-Büro (s. Seite 82).

Mehr über die Jüdische Gemeinde in Offenburg erfahren Sie hier:

Wir gehen die Steinstraße weiter und erreichen den **Lindenplatz mit dem Narrenbrunnen** **15**. Von der ursprünglichen Bausubstanz ist hier kaum mehr etwas vorhanden, wilhelminische Bürgerhäuser und neuzeitliche Architektur dominieren. Der Lindenplatz ist mit seinen Bistros und Sitzgelegenheiten ein beliebter Treffpunkt und bildet die Verbindung zur Oststadt. 1960 beschloss der Gemeinderat der

Der Narrenbrunnen – mit Veef und Andres auf dem Brunnenrand.

Stadt, hier einen Brunnen in Erinnerung an die 1848er-Revolution aufzustellen. Mit dem „Heckerbrunnen" sollte einer der bedeutendsten und beliebtesten Protagonisten, Friedrich Hecker, der auch 1847 im historischen Salmen (s. Seite 38) gesprochen hatte, geehrt werden.

Allerdings gab es bereits einen Beschluss, hier einen „Narrenbrunnen" aufzustellen. So wurde der Bildhauer Willi Dorn aus St. Georgen beauftragt, das in Offenburg wichtige Thema „Fasnet" künstlerisch umzusetzen. Er schweißte fünf Figuren aus dicken Kupferplatten zusammen und setzte sie auf den schönen alten Trog. Ausgewogen sind die beiden Offenburger Zünfte dort nun vertreten: die „Spättle-Hansele" stehen für die „Althistorische Narrenzunft" und die Hexen für die Hexenzunft. Einträchtig wird hier an jedem „Schmutzige Dunschdig" (dem „Schmutzigen Donnerstag) der Beginn der Offenburger Fasnet gefeiert. Dann schallt es laut: „Schelle, schelle, Sechser, alli alti Hexe – Narro!"

Mehr über die Offenburger Fasnacht erfahren Sie hier:

Wer möchte, macht nun über die Zauberflötebrücke einen kurzen Abstecher in die Oststadt (siehe auch den Themen-Spaziergang auf Seite 64). Ein paar Schritte geradeaus in die Friedenstraße und hinter dem Technischen Rathaus links erreichen wir die **Heilige Dreifaltigkeitskirche** **16**. Die neoromanische Kirche – erbaut von 1906 bis 1908 unter der Leitung des Erzbischöflichen Baudirektors Johannes Schroth – ist unmittelbar mit der Entstehung der Oststadt verbunden. Der Bau dieser Pfarrkirche zur Heiligen Dreifaltigkeit wurde notwen-

Die beeindruckende Heilige Dreifaltigkeitskirche.

dig, weil die Bevölkerung der Eisenbahner- und Garnisonsstadt Offenburg gegen Ende des 19. Jahrhunderts rapide angewachsen war: 1871 zählte die Stadt noch 5724 Einwohner, davon 4774 Katholiken. Zur Jahrhundertwende waren es über 13.000, davon 10.000 Katholiken.

Das Äußere der Basilika wird vom hellen Ton der Putzfelder

Im Inneren der Kirche untergliedern sechs Joche den Raum von den Türmen bis zum Querhaus, dazwischen liegen einfache Rundbogenfenster. Reich gegliedert ist wieder der Chorabschnitt mit den drei Apsiden, der Sakristei und dem Treppentürmchen zur Obersakristei.

Im Innern leuchten die Querschiff-Glasfenster der Nord- und Südrose des Offenburger Glasmalers Karl Vollmer von 1958. Das rechte Querhaus hat den von Peter Valentin am Ort gemeißelten St.-Josefsaltar aufzuweisen, eine Stiftung der Eisenbahner von 1910. Von Valentin stammt auch der Marienaltar im nördlichen Querschiff. Zwei zusätzliche Altäre in den Chorapsiden sind dem Heiligen Franziskus und dem Heiligen Georg geweiht. In der Georgskapelle steht auch der Tabernakel, eine wertvolle und herausragende Silberschmiedearbeit des Künstlers Alfred Erhart aus Freiburg von 1959.

Das Hauptschiff schmücken auf Pfeilern die zwölf Apostel, die „Säulen der Kirche". Wilhelm Schwarz aus Überlingen baute 1912 die Orgel, die 1958 erneuert und mit einem dreimanualigen Spieltisch versehen wurde.

An der hölzernen Flachdecke hat Augustin Kolb 1907 die acht Seligpreisungen, zwei Szenen der Ursulalegende und die Verehrung des apokalyptischen Christus dargestellt.

Unter dem Chor der Kirche war bis zum zweiten Weltkrieg ein Kohlen- und Heizungskeller. Nach Umstellung auf Ölheizung wurde hier eine Pax-Christi-Kapelle eingerichtet. Diese Friedensbewegung, gegründet 1944, engagiert sich besonders in der Aussöhnung zwischen Franzosen und Deutschen, also zwischen den „Erbfeinden" von einst.

und den Lisenen aus rotem Sandstein bestimmt. Die Doppelturmfassade mit den Rhombendächern und den tympanongeschmückten Portalen beeindruckt durch ihre Harmonie. Die teilweise vergoldeten Glasmosaiken in den Tympanonbildern stammen von Eugen Börner: in der Mitte die Heilige Dreifaltigkeit, im Norden die Verkündigung und im Süden die Heilige Familie. Über dem Hauptportal befindet sich eine Rosette aus einem Mittel- und acht Außenkreisen.

Neben der Kirche steht die kleine **Turnhalle der Georg-Monsch-Schule**. Die Turnhalle ist heute ein Schmuckstück der Oststadt und als Kulturdenkmal vor den immer wiederkehrenden Abrissversuchen geschützt. 1878 – im Jahr ihrer Erbauung – lag sie noch einsam auf einer Wiese neben dem Friedhof vor der Stadt, die heutige Oststadt gab es noch nicht. Später wurde die zunächst nur für den Offenburger Turnverein gebaute Halle auch in das bürgerliche Gesellschaftsleben integriert, hier fanden „Tanzkränzchen mit Turnerreigen" und schließlich auch das Schulturnen der 1899 eröffneten Georg-Monsch-Schule statt.

Die alte Turnhalle wird noch immer genutzt.

In den Jahren zuvor war der hier gelegene Friedhof stillgelegt und schließlich eingeebnet bzw. überbaut worden. Allerdings gibt es glaubhafte Berichte über Schulbuben, die in der Pause auf dem Schulhof mit einem zum Vorschein gekommenen Totenkopf Fußball spielten.

Die Georg-Monsch-Schule – benannt nach einem Ehrenbürger der Stadt Offenburg – war zunächst eine reine Knabenschule. Hier waren 14 Klassenzimmer für jeweils 50 Schüler, dazu vier Karzerräume und im Keller ein Volksbad mit einem Brausebad für die Schüler und 15 Badekabinen für die Bevölkerung untergebracht.

Zurück über die Zauberflötebrücke und den Lindenplatz geht es nun die Lange Straße nach Süden weiter, bis wir auf der rech-

Das geschichtsträchtige ehemalige Gasthaus „Salmen".

ten Straßenseite den bekannten Offenburger **„Salmen" (17)** kurz vor der Kreuzung zur großen Grabenallee erreichen. Der erste Besitzer dieses ursprünglich als Wirtshaus um das Jahr 1769 errichteten Gebäudes war „Posthalter" und „Werbwirth". Zum einen war hier nämlich die Poststation an der „Kinzigthalroute" vor dem Schwabentor. Hier wurden die Pferde gewechselt, hier stiegen die Reisenden, vom Schwarzwald kommend, aus der Kutsche – und oft genug wohl gleich im Salmen ab. Zum andern war hier aber auch ein offizielles Werbelokal für Soldaten, die gleich auch hier übernachten konnten.

1806 wurde im Hinterhof ein großer Saal angebaut und 1822 erhielt das Gasthaus ein Schild mit dem Namen „Zum Salmen". Während der 1848er-Revolution tagten hier im Saal die „entschiedenen Freunde der Verfassung" der demokratischen Bewegung und hier wurden dann auch die „Forderungen des Volkes" formuliert und verabschiedet. Der „Salmen" in Offenburg wurde damit ein bedeutsamer Bestandteil der Demokratiegeschichte Deutschlands – was sich im neu entstandenen Treppenhaus an der Seite nachlesen lässt.

Mehr über die Badische Revolution erfahren Sie hier:

1875 kaufte die junge jüdische Gemeinde, die einen Betsaal benötigte, den Salmen, und noch 1925, bei der „Feier des 50jährigen Bestehens der Synagoge" war vom friedlichen und harmonischen Verhältnis zwischen Christen und Juden die Rede. Wie in vielen Städten wurde die Offenburger Synagoge in der Nacht vom 10. auf den 11. November 1938 geplündert und zerstört. Zwei Jahre später kaufte die Stadt das Gebäude für 10.000 Reichsmark und nutzte bzw. vermietete es über den Krieg hinaus als Lagerraum. 1949 erfolgte die Rückübertragung des Gebäudes an den

Oberrat der Israeliten in Baden. Da es jedoch keine Juden mehr in Offenburg gab, wurde das Gebäude verkauft und weiterhin als Lager genutzt.

1997 erwarb die Stadt Offenburg das geschichtsträchtige Haus und richtete hier ein kulturelles Zentrum ein. Heute ist der „Salmen" ein Begriff für Veranstaltungen und ein Kulturdenkmal von nationaler Bedeutung.

Vom Salmen aus gehen wir ein paar Schritte zurück und biegen in die Gerberstraße ein. Hier, in der Gerberstraße 18, befindet sich Deutschlands kleinste Gewölbesektkellerei in den Räumen der ehemaligen Bierbrauerei „Mundinger".

Weitergehend erreichen wir, an einem wunderbar restaurierten Fachwerkhaus aus dem Jahr 1696 vorbei, die Gymnasiumstraße und dort das **Kapuzinerkloster** **18**. Es wurde 1641 bis 1645 erbaut, überstand die Brandschatzungen der Franzosen 1689 und ist damit das älteste noch erhaltene Gebäude der Stadt. Vermutlich weil die Beichtväter des französischen Königs Ludwig XIV. Kapuziner waren, wurde das Kloster verschont und diente in der Folge des Krieges vielen Einwohnern der Stadt als notdürftiges Lager und Unterkunft.

Im Innern birgt das kleine Kloster neben den Mönchszellen und einer einschiffigen Kirche einen ruhigen, schlichten Kreuzgang mit hölzernen Rundsäulen, in dem im Sommer Kreuzgang-Konzerte stattfinden. Die Kirche ist zur Straße hin mit einem barocken Volutengiebel verziert. Der frühbarocke Hochaltar zeigt den Apostel Mathias, dem die Kirche geweiht ist. Der linke Seitenaltar zeigt die Geburt Christi vor dem Hintergrund einer Stadtkulisse, der rechte Seitenaltar den Heiligen Antonius von Padua mit dem Jesuskind. Vom Kirchenschiff aus gelangt man in eine unterirdische Gruft, die Grablege der Kapuziner.

Anfang des 19. Jahrhunderts kam mit der Säkularisation die Auflösung des kirchlichen Besitzes: die Bibliothek wurde

Mehr als 300 Jahre alt.

beschlagnahmt, die Mönche vertrieben bzw. ins Sankt-Andreas-Spital gebracht. Ab 1822 wurden die Klosterräume als Schulräume für ein Jungen-Gymnasium genutzt und durch mehrere Neubauten erweitert.

Die Kirche selbst wurde bis zum Bau eines eigenen Gotteshauses fast zwanzig Jahre von der jungen evangelischen Gemeinde genutzt. Heute dient die Kirche St. Mathias der altkatholischen Gemeinde Offenburgs.

Geradeaus durch den überwachsenen Torbogen weitergehend stoßen wir nun auf die **Zwingerrunde** **19** (siehe auch den Themen-Spaziergang auf Seite 56), der wir nun ein Stück folgen. Linkerhand liegt der **Monsch'sche Rosengarten**, der früher weit größer war, aber

Der Rosengarten am Zwinger.

durch die breite Grabenallee beschnitten wurde. Wir wenden uns nach rechts und kommen an einem Denkmal für die Gefallenen des ersten Weltkriegs vorbei. Auf der anderen Seite der großen Grabenallee sehen wir den Bürgerpark mit seinen „Freiheitsbäumen" (siehe auch den Themen-Spaziergang auf Seite 68) sowie das klassizistische Billet'sche Schlösschen.

An der Hauptstraße angekommen überqueren wir die Straße, wenden uns nach links und biegen kurz vor der Johannisbrücke in den **Zwingerpark** ein. Am Eingang des Parks sehen wir die Bronzeskulptur des griechischen Weingottes „Dionysos" vom italienischen Bildhauer Sandro Chia – und am Teich den „Auffliegenden Reiher" des Bildhauers Fritz Melis – beides Stiftungen des Offenburger Ehrenbürgers, Senator Dr. Franz Burda.

Der kleine Park verengt sich hinter dem Teich wieder. Links, auf der anderen Seite des **Mühlbachs** (siehe auch den Themen-Spaziergang auf Seite 74) sehen wir die Reste der großen Spinnerei und Weberei, die bis 2008 in Betrieb war. Rechts von uns befindet sich die **Wenk-Treppe** – benannt nach dem großzügigen Unternehmer Max Wenk –, die den

Der Zwingerpark mit Wenk-Treppe.

Zwingerpark mit der Innenstadt verbindet.

Wer möchte, macht einen Abstecher zum an der Wasserstraße gelegenen **Schlachthof 20**: am Ende des Parks links am Parkhaus vorbei, links über den Mühlbach und knapp 100 Meter weiter auf der rechten Straßenseite liegt des Gebäude des städtischen Schlachthofs. In der zur Jahrhundertwende beliebten Backsteinarchitektur erbaut, weist seine denkmalgeschützte Fassade eine pfiffige Besonderheit auf: Sie ist die genaue Umsetzung des Offenburger Stadtwappens. Unschwer sind die beiden Wehrtürme und das offene Portal zu erkennen.

Das Hauptgebäude war mit poetischen Sinnsprüchen verziert. Zur Einweihung 1906 meinte die Presse dazu: *„Mögen dieselben eine humane und bildende Wirkung auf die etwas rauh angelegten Metzgerherzen ausüben: ‚Ehe ihr zum Werke schreitet, wollt bedenken: Ihr könnt dem Tiere zwar das Leben nicht, doch einen raschen Tod könnt ihr ihm schenken!'"*

Der Schlachthof von 1905/1906.

Das Eiswerk

Dieses wichtige Gewerbe ist mit der Erfindung elektrischer Kühlanlagen und Kühlschränke ausgestorben. Früher aber war die Gewinnung von Eis, das man im Winter in Form von großen Blöcken aus z. T. extra angelegten Teichen und Seen schnitt, tatsächlich überlebenswichtig. Die Eisblöcke wurden meist zu kleineren Stangen verarbeitet und beispielsweise an die Schlachthäuser, Brauereien, Molkereien, Gasthäuser und auch an Privathaushalte geliefert, um die Lebensmittel zu kühlen. Auch zum Transport von verderblichen Waren wurde das Eis benötigt. Die Lastkarren wurden mit Schichten aus Stroh und Eis gepolstert, eine zusätzliche Last für die Zugtiere, die aber im Laufe der Reise immer leichter wurde. Ohne das so gewonnene Eis wäre die Versorgung der wachsenden Städte nicht möglich gewesen. Heute erinnern Namen wie „Eiskeller" oder „Eisloch" an dieses alte Gewerbe.

Das ausgedehnte Gelände beherbergte hinter dem Schlachthof auch das erste Elektrizitätswerk Offenburgs, außerdem ein Eiswerk sowie ein großes Gasthaus mit Wohnungen, das sogenannte „Schlachthöfle".

Der Offenburger Ölberg von 1524.

Unser Rundgang führt uns die **Wenk-Treppe** hinauf – oder barrierefrei ein Stück außenherum: am Parkhaus vorbei, rechts in die Wasserstraße und wieder rechts in die Prädikaturstraße. Oben, in der kleinen Grünanlage **21**, warten mit dem **Offenburger Ölberg** und dem alten **Friedhofskreuz** zwei bedeutende Kunstdenkmale auf uns.

Zunächst betrachten wir die Ölbergdarstellung: Wie ein Bühnenbild wirkt der große Nischenbau mit dem betenden Jesus und – von links nach rechts – den drei Jüngern Jacobus, Johannes und Petrus im Vordergrund. Im Hintergrund drängen die Häscher, angeführt von Judas, in den Garten Gethsemane. Der unbekannte Bildhauer hat den Offenburgern damit einen eigenen „Ölberg" geschaffen – angepasst an die im Flachrelief im Hintergrund zu sehende hiesige Landschaft und mit den zeittypischen Gewändern und dem Stadtbild des 16. Jahrhunderts.

Vor diesen Ölbergen fanden früher Messen und Andachten – so die Ölbergandacht am Donnerstagabend – statt, aber auch Passions- und Prozessionsspiele. Es wird vermutet, dass die größeren Ölberge als Kulisse für die Schauspieler dienten, die Episoden aus der Bibel nach-

Zur Ikonographie der dargestellten Pflanzen und Tiere: In der gesamten Szene sind Pflanzen dargestellt, die zu den im Mittelalter häufig abgebildeten Symbol- und Heilpflanzen gehören und sich mit dem Ölbergthema verbinden lassen. Der immergrüne Efeu deutet auf die Unsterblichkeit der Seele hin, das dreigeteilte Blatt der Erdbeere steht für die Dreieinigkeit und die Distel symbolisiert die Schmerzen der Mutter Gottes. Der blütenlose Farn galt bis in die Neuzeit als Zauberpflanze und auch dem Großen Wegerich wurden große Heilkräfte bescheinigt.

Auch die abgebildeten Tiere haben eine eigene Bedeutung. So ist die Schnecke, der eine tiefe Verschlafenheit, Trägheit und Unergriffenheit vom göttlichen Heilsplan zugeschrieben wird, dem Jakobus zugeordnet. Die Kröte symbolisiert den Johannes und die Maus den Petrus: Sie nagt schließlich, wie er mit seinem Schwerthieb gegen Malchus, am Heilsplan Gottes. Die Eidechse schließlich ist das Sinnbild von Christus selbst: Mit ihrer Zuwendung zum Licht symbolisiert sie die Erlösung. Auch dies ist ein altes Bild in der christlichen Ikonographie: So wie die im Alter erblindete Eidechse ihre Augen der aufgehenden Sonne zuwendet und wieder sehend wird, so soll der Mensch die Sonne der Gerechtigkeit suchen: Christus, dessen Kreuzestod im christlichen Glauben die Erlösung bedeutet.

stellten. Da die meisten Menschen nicht lesen konnten, waren diese Bilder und Szenen einprägsame Illustrationen der Predigten und Lesungen.

Die Sakralplastik von etwa 1524 gilt als das bedeutendste und wertvollste Kunstdenkmal Offenburgs und hat erstaunlicherweise die Brandschatzungen, Bilderstürme und Kriege der vergangenen bald 500 Jahre weitgehend unbeschadet überstanden. In den 1950er Jahren wurden die vier lebensgroßen Steinfiguren zum Schutz ins Lapidarium der Stadt (s. Seite 87) gebracht und an ihrer Stelle detailgetreue Kopien montiert.

Das **Friedhofskreuz** aus dem Jahr 1521 war bis etwa 1830 von anderen Gräbern des alten Friedhofs umgeben – dann wurden die Grabstellen mitsamt der aus dem 14. Jahrhundert stammenden Michaelskapelle dem Erdboden gleichgemacht, um Platz für die neue Prädikaturstraße zu schaffen.

Das durch ein kleines Dach geschützte Kruzifix ist übrigens eine Kopie von 1914 – das Original steht mittlerweile geschützt im Josefs-Chor der benachbarten Heilig-Kreuz-Kirche. Ein Vergleich ist interessant: Einige Details sind in der Kopie nicht zu finden, etwa die drastische Ausformung der Blutstropfen aus der Lanzenwunde. Auch der friedliche Gesichtsausdruck des Gekreuzigten ist im Original trotz der Verwitterungen ausdrucksvoller als die Kopie.

Das für den spätgotischen Naturalismus typische Werk aus rotem Sandstein zeigt vor allem im Querbalken die aus dem Stein gearbeitete Maserung des hölzernen Jesuskreuzes. Eine Eidechse – Symbol für den auferstehenden Christus (siehe auch Seite 43, im Kasten) läuft am

Grabsteine zur Erinnerung an den alten Friedhof.

Stamm entlang. Die INRI-Tafel ist in Griechisch, Lateinisch und Hebräisch gehalten und spricht damit für den in Offenburg gepflegten weltoffenen und humanistischen Geist der Entstehungszeit.

Zur Erinnerung an den alten Stadtfriedhof wurden einige alte Grabsteine auf dem kleinen Areal wieder aufgestellt. Die beiden ältesten Steine stammen aus der Zeit kurz nach 1400. Daneben eine abgebrochene Säule: Zeugnis für einen vorzeitigen Tod. Ein anderer Grabstein ist einem Bürgermeister der Stadt gewidmet und daneben der Grabstein des Kaufmanns Guerra mit dem Spruch „Sic transit gloria mundi": So verfliegt der Ruhm der Welt! Und der passende Kommentar des Bildhauers dazu: ein eingemeißelter kleiner Schmetterling.

Schließlich wenden wir uns der **Pfarrkirche „Heilig Kreuz"** zu. Bereits für 1223 wird eine Kirche an dieser Stelle nachgewiesen, 1387 wird dann als Baubeginn einer gotischen Hallenkirche genannt. Nach dem Stadtbrand 1689 blieben nur einige Mauern, der Chor, das Josefs-Chörlein und die alte Sakristei aus dem 15. Jahrhundert stehen und wurden provisorisch wieder aufgebaut. Zu Beginn des

„Heilig-Kreuz" – Teile sind älter als 600 Jahre.

18. Jahrhunderts beauftragte man die Baumeister Beer und Albrecht aus Vorarlberg mit einem Neubau. Der gotische Chor blieb bestehen, die noch stehenden Reste des Langhauses wurden in den Aufbau integriert, Sockel und Fensterstürze übernommen. Auf den alten Fundamenten im Innenraum wurden mächtige Pfeiler errichtet, die die stark gebogene Tonne des Mittelschiffs trugen. Im Westen entstand ein neuer Turm, der zu einem Drittel im alten Langhaus stand und 1726 fertiggestellt wurde. Mit seinem dreifachen Zwiebeldach entspricht er den typischen Vorarlberger Bauformen ebenso wie die durchgehenden Emporen über den Seitenschiffen.

Die Kunstschätze im Innern der Heilig-Kreuz-Kirche: Das spätgotische Kruzifix von 1521 im linken Josefs-Chor steht seit dem Beginn 20. Jahrhunderts hier. Fast 400 Jahre lang hatte es seinen Platz draußen vor der Kirche, bevor es dort durch eine Kopie ersetzt wurde.

Herausragende Kunstwerke aus der Mitte des 18. Jahrhunderts im Stil des Rokoko sind der Hochaltar und die zwei Seitenaltäre des Bildhauers Franz Lichtenauer. In lockerem Säulenaufbau, der die Fenster mit einbezieht, steigt die dreifache Abtreppung zum Hochaltarbild empor. Dieses wiederum stammt von Josef Esperlin und stellt die Kreuzerhöhung dar. Der Altarabschluss mit Strebebogen, Girlanden und Engeln schließt mit einem gekrönten Kreuz ab.

Zu beiden Seiten des Altarbildes sind die weiblichen Nebenpatrone der Kirche abgebildet: links die Heilige Ursula, auch Schutzpatronin der Stadt, und rechts die Heilige Helena, die der Legende nach 335 das Kreuz Christi gefunden hat. Die Seitenaltäre zeigen im Rosenkranzaltar das Bild „Maria und Dominikus" und im Kreuzaltar die Kreuzigung, entstanden 1770.

Ein Meisterstück ist die 1792 vom Offenburger Bildhauer und Künstler Johann Speckert gestaltete Kanzel aus Marmor und gebranntem Stuck: Sieben Reliefs zeigen Szenen aus dem Leben Christi und am Säulensockel sind die vier Evangelistensymbole zu sehen. Auch der frühklassizistische Taufstein (um 1800) ist wohl sein Werk.

Aus dem 19. Jahrhundert sind die Deckengemälde mit verschiedenen Motiven: die Kreuzerhöhung, Ursula als Schutzpatronin Offenburgs im Dreißigjährigen Krieg, eine Ansicht der drei Kirchen der Stadt – bemerkenswerterweise ist auch die Evangelische Pfarrkirche hier aufgenommen. Über dem Chorbogen prangt das Offenburger Stadtwappen.

Bis zur Gründung des Erzbistums Freiburg 1827 gehörte die Ortenau – und damit auch die Reichsstadt Offenburg – dem Bistum Straßburg an. Daher sind dessen Diözesan-Nebenpatrone

Aper und Gangolf auch Schutzpatrone der Heilig-Kreuz-Kirche: links am Hauptaltar steht der Heilige Aper, der um 500 Bischof von Toul in Lothringen war, rechts ist der Ritter und Klostergründer Gangolf zu sehen, der im 8. Jahrhundert am Hofe des fränkischen Königs Pippin II. lebte.

An der Außenwand des Chors ist das Grabmal des Offenburger Ritters Jörg von Bach – gefertigt um 1538 vom Renaissancebildhauer Christoph von Urach – zu sehen. Stolz steht der Ritter aus einem alten Ortenauer Adelsgeschlecht in seiner Rüstung umgeben von den Familienwappen. Auf der anderen Chorseite ist eine Statue des Höllensturzes zu sehen: Der Erzengel Michael stößt den Satan in die Tiefe. Diese Figur aus dem Jahr 1732 stand ursprünglich neben der im 19. Jahrhundert abgebrochenen Michaelskapelle.

Erzengel Michael besiegt den Teufel.

Das Original-Tor des barocken Lustgartens.

Wir gehen nun die Kittelgasse entlang und kommen zum Eingangstor des kleinen **Vinzentiusgartens** 22. Dieser heute wieder als barocker „Lustgarten" angelegte Garten auf dem einstigen Bollwerk „Zum schwarzen Hund" war früher größer und reichte im Norden bis kurz vor den „Ölberg". Zu seiner Ausstattung gehören die Sphinx sowie die sieben Rokoko-Statuen auf der Brüstung, die ländliche Szenen und Arbeiten darstellen. Die übrigen Steindenkmale stammen nicht aus dem Garten, sondern gehören zum sogenannten „Lapidarium" – *lapis* (lat.) bedeutet Stein –, das hier und im angrenzenden Gewölbekeller des Vinzentiushauses untergebracht ist. Dieser Keller kann im Rahmen von Führungen besichtigt werden (Gruppenführungen können im Museum im Ritterhaus vereinbart werden, s. Seite 89; Infos auch im Bürgerbüro, s. Seite 82).

Auf der anderen Seite an der Ecke Kittelgasse/Kornstraße liegt das prächtige **Vinzentiushaus**. Das ursprünglich nur zweigeschossige Patrizierhaus aus der zweiten Hälfte des 18. Jahrhunderts wurde mehrfach umgebaut und in seiner 250-jährigen Geschichte sehr unterschiedlich genutzt: zunächst war es Wohn- und Repräsentationsbau, 1816 wurde es zu einer Tabakfabrik, ab 1844 Fabrikantenvilla und ging 1884 ins Eigentum des „Vinzentius-Verein Offenburg AG" über, der dort über 100 Jahre – bis 1999 – ein Altenheim betrieb. Im Sprenggiebel über dem Eingangsportal ganz oben ist der Namensgeber aus dieser Zeit, der Heilige Vinzenz von Paul, zu erkennen. Der französische Priester (1581–1660) gilt als Begründer der neuzeitlichen Caritas und ist Schutzpatron des Ordens der Barmherzigen Schwestern, auch bekannt als Vinzentinerinnen.

Die beeindruckende Fassade des Vinzentiushauses.

Hier wurde auch 1896 der erste Offenburger Kindergarten eröffnet, in dem katholische Schwestern u.a. die Arbeiterkinder der großen Spinn- und Weberei auf der anderen Mühlbachseite betreuten. Lange gab es auch eine Krankenabteilung mit eigenem Operationsraum, bis das neue städtische Krankenhaus in der Oststadt gebaut wurde.

Um die Jahrtausendwende wurde das barocke Gebäude von der Aenne-Burda-Stiftung umfassend renoviert. Es ist heute Teil des größeren Wohnkomplexes des Aenne-Burda-Stifts und dient dem Betreuten Wohnen.

Ein paar Schritte weiter die Korngasse entlang erreichen wir den **Marktplatz** mit seinen in den Boden eingelassenen Wasser-

Die „Kleider-Königin" Aenne Burda (1909–2005): Mit ihrer Zeitschrift „Burda Moden" wurde die Offenburger Verlegerin in den 1950er Jahren weltbekannt. Mithilfe der beiliegenden Schnittmusterbögen konnten sich Millionen von Leserinnen preiswert ihre Wünsche von eleganter Mode erfüllen. Die Offenburger Ehrenbürgerin kümmerte sich mit großem Einsatz immer wieder um soziale Projekte der Stadt, so auch um das Wohnprojekt im Vinzentiushaus (zur Familie Burda s. Seite 72).

fontänen, die im Sommer die Kinder begeistern. Der Platz war früher bebaut und ist erst in jüngerer Zeit durch Abriss und Neugestaltung entstanden, der eigentliche (Wochen-)Markt fand und findet nach wie vor in der Steinstraße und am Fischmarkt statt. Weitergehend erreichen wir dann wieder die Hauptstraße unweit der Ursula-Säule, wo der Rundgang endet.

Der neugestaltete Marktplatz mit seinen Wasserfontänen.

Das Kulturforum Offenburgs – Die alte Kaserne

Das Areal der imposanten Backsteingebäude mit dem großen Rasenplatz – dem Platz der Verfassungsfreunde – in der Mitte liegt einen knappen Kilometer östlich der Innenstadt an der die Grabenallee verlängernden Weingartenstraße bzw. der nach Süden verlaufenden Moltkestraße. Wer mit dem Auto kommt, findet an der Ecke Moltkestraße/ Franz-Ludwig-Mersy-Straße einen großen Parkplatz.

Am Grundriss der ehemaligen Kasernenanlage und den heute denkmalgeschützten Backsteinmauern lässt sich deutsche Geschichte im Rahmen eines interessanten Spazierganges so anschaulich nachvollziehen wie selten. Großherzogtum Baden – Weimarer Republik – Drittes Reich – Nachkriegszeit unter französischer Besatzung und schließlich souveräne Bundesrepublik: Hier im heutigen Kulturforum haben alle diese Epochen vielfältige Spuren hinterlassen. Wo früher Drill, Autorität und Gehorsam Vorrang hatten, herrschen heute Bildung, Kunst und Spiel. In einem Rundgang mit mehreren großen Text- und Bildtafeln wird die Geschichte der Kaserne erläutert.

 Eine Übersichtskarte finden Sie auf Seite 75.

Dort, am früheren „Frauenweg" – der heutigen Weingartenstraße –, der zur stillen Wallfahrtskirche Unserer Lieben Frau hinausführte, lagen einst Wiesen und Äcker der Offenburger Bevölkerung, ehe das Großherzogtum Baden hier eine große Kaserne errichtete. 1898 zog das 9. Badische Infanterie-Regiment Nr. 170 in Offenburg *„unter klingendem Spiel und Böllerschüssen"* mit etwa 1200 Mann ein. Offenburg hatte viele Zugeständnisse an das Militär gemacht, um den Titel „Garnisonsstadt" zu bekommen. In acht Kompaniegebäuden waren die Wehrpflichtigen untergebracht, die hier in großen Mannschaftsstuben mit bis zu 20 Soldaten lebten. Neben den Mannschaftsunterkünften gab es das Verheirateten- und Familiengebäude, das Stabsgebäude mit Wache und Krankenrevier, die Exerzierhalle, ein Kammergebäude, ein Patronenhäuschen, einen Offizierspferdestall, vier Latrinenhäuser – und ein Casino.

Mit dem Kriegsausbruch am 1. August 1914 erfolgte die Mobilmachung und kurz darauf zog auch das Offenburger Regiment in den Krieg, wo es bis zum Kriegsende 2670 Soldaten aus seinen Reihen verlor. Deutschland musste kapitulieren. Der Kaiser floh ins Ausland, und im

Mai 1919 wurde die Offenburger Einheit aufgelöst, die sich im Oktober mit einer symbolischen Handlung verabschiedete: In einer feierlichen Zeremonie wurde die alte Fahne des Kaiserreichs verbrannt. Die Kasernengebäude wurden an die Stadt übergeben, die in den Jahren der Weimarer Republik ein ausschließlich zivil genutztes Wohn- und Gewerbegebiet daraus machte.

Die Stadtbevölkerung wuchs und wuchs und die Bautätigkeit war während des Krieges fast zum Erliegen gekommen. Und nun, nach dem Ende des Krieges, strömten zusätzlich die aus dem Elsass vertriebenen deutschstämmigen Flüchtlinge in die Stadt. So wurden schnell erste Notwohnungen in den leeren Kasernengebäuden eingerichtet. Anfang der 1930er Jahre lebten hier etwa 1000 Personen in 235 Haushalten. Zudem hatten 30 größere und

Maschinengewehr-Bataillon 5 in Besitz nahm – die zivilen Wohnungen wurden wieder zu Mannschaftsunterkünften. Schon drei Jahre später zog auch diese Offenburger Kasernenbesatzung in den Krieg: An West- und Ostfront stand sie seit Kriegsausbruch 1939 an der Front. Am Kriegsende hatte das Offenburger Bataillon 750 Tote und Vermisste zu beklagen.

mittlere Betriebe und Werkstätten ihren Standort in der einstigen Kaserne, ebenso wie mehrere öffentliche Einrichtungen: Fuhrpark, Versorgungsamt, Milchzentrale und seit 1927 die Offenburger Gewerbeschule im Haus 14. Auf drei Stockwerken hatte die Stadt elf Lehrsäle eingerichtet und bereitete nun pro Jahr über 700 Schüler auf das Berufsleben vor.

Die geräumigen Häuser, vor allem aber der weitläufige Hof, waren wunderbare Spielplätze für die zahlreiche Nachkommenschaft der Kasernenbewohner. „Es war die schönste Zeit", so jedenfalls erinnerten sich später noch viele „Kasernenkinder" an die ungezwungene Atmosphäre im Viertel. Diese – aus der Not heraus entstandene – Wohnidylle endete 1936, als unter den Nationalsozialisten die Wehrmacht die Kaserne für das

Nach dem Ende des Krieges besetzten Einheiten der 1. Französischen Armee die Stadt Offenburg und natürlich auch die Kaserne. Zunächst nutzte man die Kasernengebäude als Sammellager für befreite Zwangsarbeiter und Kriegsgefangene. Etwa 5000 von ihnen lebten bis September 1945 hier. Dann beanspruchten die französischen Streitkräfte das gesamte Areal, das fortan „Quartier Montalégre" genannt wurde. Lange Jahre war das Gelände für die Offenburger Bevölkerung nur bei besonderen Gelegenheiten, etwa zu Festen der Streitkräfte, zugänglich.

Ab 1989, als das Ende des Kalten Krieges den weltpolitischen Wandel einleitete, kam – wie an vielen Orten Deutschlands – öffentlich die Frage auf: „Wie lange noch bleibt Offenburg eine französische Garnison?" Der Standortkommandant erklärte schließlich, dass die französischen Einheiten – rund 2000 Berufssoldaten, deren Familienangehörige sowie viele Zivilangestellte – ab Mitte 1991 die Stadt verlassen würden. Mit einem großen Fest nahm im Juni 1992 das französische Militär dann endgültig Abschied von der Stadt. Als fremde Besatzer gekommen, gingen viele schließlich als vertraute Freunde, waren über die Jahre doch vielfältige Kontakte geknüpft worden.

Die Stadt machte umgehend Pläne zur künftigen zivilen Nutzung und bemühte sich, das Areal und die Gebäude dem Bund, an den der Komplex zurückgefallen war, abzukaufen. Die angespannte Wohnungsnot – gerade in den 1990er Jahren waren viele Aussiedler aus den Staaten der ehemaligen Sowjetunion gekommen – konnte mit dem Umbau von vier ehemaligen Mannschaftsgebäuden zu Mietwohnungen durch die Wohn- und Stadtbau GmbH gemildert werden. Bereits im Februar 1996 zogen hier neue Mieter in insgesamt 106 neue Wohneinheiten ein. Schwerpunkt der städtischen Planungen war aber die Realisierung des neuen „Kulturforums" auf dem einstigen Militärgelände. Auf 13.000 Quadratmetern sollte in einem ersten Bauabschnitt neuer Raum für Stadtbibliothek, Musikschule, Kunstschule, Schulpraktisches Seminar, Verbraucherzentrale und Kultur in der Kaserne (KiK) geschaffen werden. So ambitioniert dieses Vorhaben war: Bereits am 8. November 1997 konnte die Eröffnung gefeiert werden. Der Beginn der Konversion (die zivile Umnutzung militärischer Einrichtungen) war vollzogen und wurde in den folgenden Jahren überaus erfolgreich fortgeführt.

Mithilfe des Trägervereins „Kultur in der Kaserne (KiK)" eroberten die ersten Kulturgruppen das neue Kulturforum. Außerhalb des städtischen Angebots organisiert dieser Verein bemerkenswerte Ausstellungen und Kulturveranstaltungen. Der Kunstverein Offenburg/Mittelbaden präsentiert sich ebenfalls in den Räumlichkeiten – die vielbeachteten Ausstellungen finden weit über Offenburg hinaus ihr Publikum. Und auch die Städtische Galerie

Offenburgs zeigt im Kulturforum ihre hochwertigen Dauer- und Wechselausstellungen. Die zunächst nur für Kinder und Jugendliche konzipierte Kunstschule wurde 1999 für alle Altersgruppen geöffnet und ist seither Anziehungspunkt für große und kleine, alte und junge Künstlerinnen und Künstler.

Die Stadtbibliothek, lange Jahre auf drei Standorte in der Innenstadt verteilt, hat ebenfalls sehr von der Übersiedlung ins Kulturforum profitiert und ist zu einem gut besuchten Ort der Begegnung geworden. Raum für Begegnungen, Spiele, Gespräche und Musik – aus der ebenfalls hier residierenden Musikschule klingt so manches Stück über den Platz – erleben die Besucher auch beim Gang durch das Grün des großen Innenareals, den „Platz der Verfassungsfreunde". Seit dem Jahr 2000 ziert diesen Platz das mächtige, 20 Meter hohe Kunstwerk des US-Künstlers Jonathan Borofsky. Die Aluminiumskulptur mit dem Titel „Freedom – Male/Female" ist ein Geschenk von Aenne Burda an die Stadt und erinnert an die badische Volksbewegung von 1848.

Kunst spiegelt sich aber auch in der Architektur des Gebäudekomplexes entlang der Weingartenstraße wider. Die kulturelle Nutzung eröffnete den Architekten die Möglichkeit, mit zeitgemäßen Materialien wie Glas, Stahl und Beton eine kontrastreiche Symbiose zwischen Tradition und Moderne herzustellen. Die transparenten Verbindungsgebäude sorgen so für spannende Momente zwischen Alt und Neu, zwischen gestern, heute und morgen.

Die Reithalle wurde vom Tag ihrer Einweihung am 21. Oktober 2000 an zur neuen Mitte des Kulturforums. Als Tagungsstätte, Kino, Ballsaal, Theater oder Konzerthalle ist sie ein vielbesuchter Veranstaltungsort geworden, der breite Zustimmung in der Bevölkerung findet, sowohl beim jungen Hip-Hop-Fan als auch beim Klassikfreund.

Der südliche Bereich des Kasernenareals ist der Nutzung als

familiengerechtem Wohnraum beziehungsweise der Entwicklung eines hochwertigen und stadtnahen Wohngebiets vorbehalten. Seit 1993 engagiert sich die Wohn- und Stadtbau GmbH auf dem Gelände des Kulturforums sowie der benachbarten Umgebung und schuf viele Wohnungen in der alten, hochwertig modernisierten Bausubstanz, aber auch Neubauten, so z.B. 2003 eine Seniorenwohnanlage mit 32 Wohnungen.

Die Zwingerrunde – Ein Spaziergang entlang der alten Stadtmauer

B

Dicht an der stellenweise noch erhaltenen Stadtmauer legt sich ein schmaler Grüngürtel um das Stadtzentrum: der Zwinger. Die innerstädtische Runde durchs Grüne – nur den Norden zwischen Zwingerplatz und Gustaf-Ree-Anlage muss man auf der Straße bzw. dem Bürgersteig überbrücken – ist zügigen Schritts in gut einer halben Stunde absolviert: das Naherholungsgebiet also für Mittagspausen, Hunderunden oder den ein oder anderen gemütlichen Gang.

Unser Rundgang beginnt am Eingang zum kleinen Zwingerpark kurz vor der Johannisbrücke, dort, wo die Grabenallee von der Hauptstraße abzweigt. Auf Initiative des „Offenburger Verschönerungsvereins" wurde der Zwingerpark Pfingsten 1899 mit dem Jubelspruch *„Einst Feste und Zwinger / Jetzt Freudenbringer!"* („D'r alt Offenburger", Adolf Geck) eingeweiht. Der kleine Park ist mit Stiftungen des Offenburger Ehrenbürgers, Senator Dr. Franz Burda, geschmückt: Am Eingang des Parks steht die Bronzeskulptur des griechischen Weingottes „Dionysos" vom italienischen Bildhauer Sandro Chia – das römische Pendant, der „Bacchus", steht im Ortsteil Fessenbach. Am Teich steht der „Auffliegende Reiher" des Bildhauers Fritz Melis.

Der Zwingerpark verengt sich und auf der anderen Seite des Mühlbachs sind die Reste der großen Spinnerei und Weberei zu sehen, die hier von 1859 bis

 Eine Übersichtskarte finden Sie auf Seite 75.

2008 mit teilweise über 1000 Beschäftigten, darunter früher auch vielen Kindern, in Betrieb war. Die noch stehenden Gebäude gelten als Industriedenkmal, darunter die aus der Gründerzeit stammende Fabrikantenvilla und ein Teil der Arbeiterwohnsiedlung von 1896, die für damalige Verhältnisse fortschrittlich mit Trockenbalkon und Außentoilette ausgestattet waren.

Mehr über den Mühlbach und seine Bedeutung für die Stadtbewohner erfahren Sie hier:

Hinter einer weiteren kleinen Grünfläche erreicht man die Wenk-Treppe, die auf die Stadtmauer hinauf und bis zum Ölberg und der Heilig-Kreuz-Kirche führt. Die aus Naturstein bestehende Treppe aus dem Jahr 1908 ist eine Stiftung des Offenburger Industriellen Adolf Wenk in Erinnerung an seinen Vater Max Wenk. Mit dem kleinen Aussichtspavillon, dem Portalbogen mit Stadtwappen und einer Galerie zum Ausruhen werden so Ölberg und Vinzentiusgarten mit dem unten gelegenen Park verbunden.

Entweder die Treppe hinauf und links in die Prädikaturstraße oder aber unten herum rechts am Parkhaus vorbei gelangt man zum Zwingerplatz. Danach rechts in ein kleines Gässchen abbiegend, kommt man zur Gustav-Ree-Anlage, benannt nach dem Bürgermeister, der sich nach der 1848er-Revolution vor Gericht zu verantworten hatte. Hier biegt hinter dem Kloster Unserer Lieben Frau, direkt vor der tiefergelegten Bahntrasse, der Zwingerweg erneut rechts ab. Den Lindenplatz streifend führt der Weg immer an den Bahngleisen entlang mit Blick auf die gegenüberliegende Häuserzeile der Wilhelmstraße. Vor der Grabenallee macht der Weg eine Wendung nach rechts und man kommt zur Langen Straße und am Isenmann-Denkstein vorbei. Der Granitfindling aus dem Schwarzwald, aufgestellt 1908, trägt das Medaillonbild des Komponisten Carl Isenmann (1837–1889) und die Anfangszeile eines seiner bekanntesten Lieder „O Schwarzwald, O Heimat" zu einem Text von Ludwig Auerbach.

Mehr über den Komponisten Carl Isenmann erfahren Sie hier:

Entlang der Grabenallee, früher eine baumbestandene Prachtstraße, sieht man auf der anderen Straßenseite das Alte Gefängnis: zwei große, quaderförmige Zweckbauten aus rotem Sandstein aus der Mitte bzw. dem Ende des 19. Jahrhunderts. Einige Revolutionäre der 1848er-Zeit saßen hier ebenso ein wie während der Zeit des National-

sozialismus die „Schutzhäftlinge": Offenburger Kommunisten und Sozialdemokraten, Bibelforscher und Geistliche. In der Folge des Juden-Pogroms vom 10. November 1938 wurden hier die männlichen Juden der Stadt eingeliefert, misshandelt und dann nach Dachau deportiert. Der Gebäudekomplex wird momentan (Stand Mai 2016) saniert und zu einem Hotel umgebaut.

Weitergehend erreicht man den Monsch'schen Rosengarten, der etwas eingezwängt zwischen Stadtmauer und der verkehrsreichen Grabenallee liegt. Der Ehrenbürger, langjährige Stadtrat und Rosenliebhaber Georg Monsch hatte die Rosen für die Grabenallee gestiftet – leider wurde ein Teil der Anlage dem zunehmenden Autoverkehr geopfert.

Am Ende der Zwingerrunde sieht man auf der anderen Seite der Grabenallee den Bürgerpark, der zu weiteren Spaziergängen einlädt (siehe Seite 68), sowie das Billet'sche Schlösschen, ein zweigeschossiger, klassizistischer Pavillonbau. Der im Salzhandel reich gewordene Joseph Anton Billet ließ dieses Kleinod kurz vor 1800 errichten, das von einer großen Parkanlage umgeben war: ein strenger, geometrisch angelegter französischer Garten, daneben ein englischer Park mit herrlichem Baumbestand.

Die Nordweststadt – Bürgervillen aus der Jahrhundertwende

C

Ein Spaziergang nördlich der alten Innenstadt und etwas westlich der evangelischen Stadtkirche führt zu einer ganzen Reihe schöner Bürger- und Geschäftshäuser aus dem Ende des 19. und beginnenden 20. Jahrhunderts. Die Architektur des Jugendstil sowie des Historismus (s. Seite 25, Stichwort „Eklektizismus“) ist hier vielfach noch gut zu erkennen.

Im Bereich der Okenstraße, die direkt am Zwingerplatz beginnt, bis etwa zur 600 Meter nördlich davon querenden Franz-Volk-Straße mit ihrem kleinen gleichnamigen Park sind einige dieser oft prachtvollen Häuser aus der Gründerzeit zu bewundern. Hier wohnten viele Unternehmer und die sogenannten „besseren Bürger“, aber auch angesehene Künstler, Grafiker und Professoren. In der Tat sprach man von dieser Gegend auch als vom „Klein-Montmartre“ Offenburgs.

Eine besondere Stellung hatte die Glasmalerei, die in vielen Häusern noch präsent ist. Begonnen hatte die Offenburger Glastradition um 1825 mit der Glashütte des Jacob Anton Derndinger. Nach dem einfachen Tafelglas entdeckte man das Musselinglas mit Sternenmuster, schließlich die Malerei auf Glas. Firmen wie Geck, Borsi, Schell und Vittali sind nur einige wenige Namen, die sich der Produktion bunter, bemalter Glasfenster und der hohen Kunst der Glasmosaikfabrikation widmeten. Manche der Atelierwohnungen und -Häuser sind ganz im maurischen Jugendstil gehalten und von exotischem Reiz.

Die Volksbank Offenburgs in der Okenstraße 7 ist ein besonders stattliches Gebäude. Der reich gegliederte Bau von 1905/1906 im Stil der damals beliebten Neo-Renaissance wurde von den aus Offenburg stammenden Architekten Friedrich und Adolf Abel errichtet. Er war als Straßenabschluss zur Hauptstraße hin geplant und trägt deshalb das Aussehen eines Palastes. Der markante Rundbau im Westen des altehrwürdigen Gebäudes stammt aus dem Jahr 1997.

Mehr über die Geschichte der Offenburger Volksbank erfahren Sie hier:

Die Nachbargebäude links und rechts – die „Villa Veit" sowie die „Villa Rettich" –, ehemals Unternehmervillen, gehören mittlerweile ebenfalls zum Gebäude-Komplex am „Volksbank-Buckel".

Im kleinen Franz-Volk-Garten an der Okenstraße steht das Denkmal des Naturwissenschaftlers Lorenz Oken (1779–1851) auf einem Postament. Die helle Marmorbüste von 1883 mit dem Porträt des aus Bohlsbach – heute ein Stadtteil Offenburgs – stammenden Oken stand bis 1939 in der Gustav-Ree-Anlage. Nachdem die Anlage einer Straße und einem Parkplatz weichen musste, fand die Büste hier eine neue Heimat.

DAS „GALGENFELD" – DIE GARTENSTADTSIEDLUNG OFFENBURGS

Das Galgenfeld in Offenburg – eine schauerliche Umgebung? Im Gegenteil: Der historische Flurname bezeichnet heute eine idyllische Siedlung mit großen Gärten in der Oststadt. Wie eine Reihe anderer deutscher Städte verfügt auch Offenburg über ein Wohngebiet, das auf eine städtebauliche Reformbewegung aus der Jahrhundertewende zurückgeht: Die Gartenstadtbewegung mit Ursprung in England propagierte ein gesundes und erschwingliches Leben für Arbeiter und Angestellte – stadtnah und doch „im Grünen".

Wer von der Innenstadt aus an der Gustav-Ree-Anlage vorbei über die Unionbrücke nach Norden in die Rammersweierstraße spaziert, erreicht nach knapp einem Kilometer – quasi an der Rückseite des Hauptbahnhofs – an der Ecke Rammersweierstraße/Hermannstraße die „Galgenfeldsiedlung", die sich ab hier nordöstlich bis zur Prinz-Eugen-Straße bzw. Schaiblestraße erstreckt.

Die badische Amtsstadt Offenburg litt um die Jahrhundertwende unter großer Wohnungsnot. 1890 noch hatte die Stadt etwa 9000 Einwohner gehabt, 1913 waren es schon 17.000 –, davon arbeiteten allein etwa 4500 bei der Eisenbahn, die lange Zeit größter Arbeitgeber der Stadt war.

Der Wohnungsbau hielt mit dieser rasanten Entwicklung nicht Schritt. Um 1900 herum gab es in den Arbeiterhäusern der Spinnerei-Weberei „Zehnpfennig-Schlafmädchen-Kabinen", die in wechselnden Schichten belegt wurden, und die sogenannten „Schlafgänger" mieteten nur zum Schlafen ein Bett bei anderen Familien an.

Vor dem ersten Weltkrieg suchten 17 Prozent der Offenburger Haushalte eine Wohnung, über 500 Familien galten als wohnungslos. Der Sozialdemokrat Adolf Geck entrüstete sich 1902 über das „Trockenwohnen": arme Wohnungssuchende durf-

 Eine Übersichtskarte finden Sie auf Seite 75.

ten gegen geringes Entgelt die Neubauten nutzen, bis die Wände trocken waren, dann mussten sie wieder ausziehen.

1913 wurde deshalb die gemeinnützige Baugenossenschaft gegründet, die 1919 mit dem Bau der ersten Häuser im Galgenfeld begann. Es entstanden zweigeschossige Reihenhäuser, schlicht und zweckmäßig, mit großen Gärten zur Selbstversorgung und Gemeinschaftsflächen. Die Bewohner besaßen lebenslanges Mietrecht und konnten über viele die Siedlung betreffende Angelegenheiten mitbestimmen. Heute gehören zu diesem kulturgeschichtlichen und architektonischen Denkmal fast 390 Wohneinheiten.

Der Name „Galgenfeld“ erinnert übrigens noch an das einstige Hochgericht der Reichsstadt, wo die Delinquenten hingerichtet wurden. 1631 wäre hier beinahe auch – wie viele vor ihr – die Offenburger Bürgersfrau Agnes Gotter, genannt „Gotter-Nes“, als Hexe verbrannt worden. Sie widerstand aber der Folter, kam frei und bewirkte durch ihre Standhaftigkeit das Ende der Offenburger Hexenprozesse. Der kleine „Gotter-Nes-Weg“ hier im Galgenfeld erinnert deshalb an sie.

Die Hildastrasse – Hauptstrasse der Oststadt

Wer sich besonders für die Vielfalt der Baustile um die Jahrhundertwende herum interessiert, sollte unbedingt einen Abstecher in die Oststadt Offenburgs einplanen. Das baumbestandene Stadtviertel ist heute größtenteils verkehrsberuhigte Zone und lädt zu einem gemütlichen Bummel ein.

Vom Lindenplatz geht es über die Zauberflöte-Brücke und weiter geradeaus durch die Friedenstraße oder die rechts parallel verlaufende Augustastraße. In dem Viertel zwischen Wilhelmstraße, Weingartenstraße, Moltkestraße und Zellerstraße gelegen gibt es hier eine ganze Reihe an kunsthistorisch interessanten Gebäuden zu sehen. Die Gegend um die Hildastraße – auch die „Hauptstraße der Oststadt" genannt – mit ihrer Länge von einem Kilometer und ihrer Nebenstraße, der Friedrichstraße, sowie den Querstraßen Augusta-, Frieden-, und Turnhallestraße entstand ab 1897. Jugendstil reiht sich hier an Neoromanik, Renaissancepracht an Barock, Gründerzeit an Art Deco (siehe dazu auch Seite 25, Stichwort „Eklektizismus").

Gerade in der Hildastraße ist der Balanceakt zwischen den dynamischen Formen des Jugendstils und einem klassizistischen Symmetriedenken noch gut zu erkennen. Die Nummern 20 bis 24 bilden hier ein besonders schönes Ensemble. Architekt Heinrich Heller (1880–1949) hat die Häusergruppe 1911 in gelbem Sandstein erbaut, dabei hatte er die Nr. 24 für sich selbst vorgesehen. Die großzügigen Wohnungen verfügen selbstverständlich über Veranda, Balkone, Erker und den obligatorischen badischen Hinterhofgarten mit Remise.

Seit den 1980er Jahren, als sich der gesamte Verkehr mit mehreren tausend Fahrzeugen, Bussen und Lkw durch die baumlose und graue Hildastraße schlängelte, hat sich das Viertel enorm gewandelt.

 Eine Übersichtskarte finden Sie auf Seite 75.

Der Waldbachfriedhof mit Jüdischem Friedhof

Die parkähnliche Anlage in der Oststadt, am Waldbach gelegen, bietet für Einwohner wie Gäste der Stadt eine besondere Atmosphäre. Vom Lindenplatz über die Zauberflöte-Brücke die Friedenstraße entlang und die Moltkestraße querend erreicht man nach etwa 500 Metern den sogenannten „Alten Friedhof" mit seiner klassizistischen Friedhofskapelle. Hier wurden zwischen 1870 und 1960 die verstorbenen Offenburger Bürger bestattet. Die zwei vor dieser Zeit genutzten Friedhöfe sind heute nicht mehr erhalten. Nur neben der Pfarrkirche Heilig Kreuz sind zur Erinnerung einige Epitaphe des alten Gottesackers aufgestellt worden.

Der heute genutzte städtische Friedhof liegt draußen an der Weingartenkirche und hier am Waldbach finden nur noch selten Beerdigungen statt. Die meisten Grabstellen wurden mittlerweile aufgelöst und nur die kunstgeschichtlich bedeutenden Grabsteine blieben stehen. Ein Prospekt sowie Führungen geben Erklärungen zu den Menschen, die hier ruhen. Ein Förderkreis kümmert sich um Pflege und Nutzung des idyllischen Parks.

In einem gesonderten Areal ist der jüdische Friedhof – bitte nur mit Kopfbedeckung betreten – angelegt.

Eine Übersichtskarte finden Sie auf Seite 75.

Bis zum Beginn des 19. Jahrhunderts wurden die nur sporadisch in der Stadt lebenden Juden offenbar an der „Guthleutbrücke“, ziemlich genau am heutigen Freiburger Platz in Offenburg, bestattet. Dort wurden bei Bauarbeiten in den 1960er Jahren sieben Grabsteine mit hebräischen Inschriften gefunden und auf den jüdischen Friedhof am Waldbach versetzt. Hier beerdigte die ab Mitte des 19. Jahrhunderts in Offenburg wieder ansässige jüdische Gemeinde am Rand des christlichen Friedhofs auf einem separaten Areal, das der Gemeinderat 1870 zur Verfügung gestellt hatte, ihre Toten. Am 3. Juni 1871 fand die erste Beerdigung statt: das Kind Arthur Günzburger erhielt die erste Grabstätte auf dem jüdischen Friedhof.

In einem Buch sind alle Gräber mit der Übersetzung der hebräischen Inschriften verzeichnet. Mehr als 300 Grabsteine bezeugen die 70 Jahre jüdischen Lebens – und Sterbens – bis zur Auslöschung der jüdischen Gemeinde im Jahr 1940. Der große Monolith wurde 1990, am 50. Jahrestag der Deportation nach Gurs, zum Gedenken an die Opfer des Holocaust in Offenburg errichtet.

Mehr über die Geschichte der Offenburger Friedhöfe und des Jüdischen Friedhofs erfahren Sie hier:

Der Bürgerpark und die Freiheitsbäume im Arboretum

Wer stadtnah durchs Grüne spazieren, teils exotische Bäume kennenlernen und sich dazu noch mit der badischen Revolutionsgeschichte von 1848 beschäftigen möchte, dem sei ein Rundgang durch den Bürgerpark empfohlen. Südlich des Stadtzentrums, auf der anderen Seite der Grabenallee gelegen, erstreckt sich der Park, im Süden begrenzt durch das Freizeitbad und eine Minigolfanlage (beides noch im Bau befindlich; Stand Mai 2016).

Im Zentrum des Parks steht seit 1984 die Plastik „Tod aus Liebe" des Moskauer Malers und Bildhauers Vadim Sidur (1924–1986). Seine Biographie ist untrennbar verknüpft mit dem Krieg der Deutschen gegen die Sowjetunion. Seine Werke finden sich in vielen Sammlungen, seine Denkmäler stehen auf zahlreichen Plätzen in Deutschland.

Ein weiteres Kunstwerk, die „Lichtkomposition" der Karlsruher Künstlerin Bernadette Hörder, wurde 2007 hier aufgestellt. Die farbigen Kunststofflamellen sorgen v. a. bei Sonne für interessante Licht- und Schatteneffekte.

Der Bürgerpark war im 19. Jahrhundert zum Teil Gartenanlage

 Eine Übersichtskarte finden Sie auf Seite 75.

des Billet'schen Schlösschens (s. Seite 59), danach nutzte die Stadtgärtnerei das Terrain und in den 1970er Jahren wurde das Gelände mit seinen vielen unterschiedlichen Baum- und Straucharten zu einem Park mit einem wertvollen Arboretum, einer Baumsammlung, umgestaltet.

Dreizehn dieser Bäume repräsentieren seit 2007 die dreizehn „Forderungen des Volkes in Baden", die im Rahmen der Badischen Revolution am 12. September 1847 im Offenburger Gasthaus „Salmen" erhoben wurden.

Folgende „Freiheitsbäume" wurden für die Forderungen ausgewählt:

Der Bergahorn steht für Artikel 1:
Wir verlangen, dass sich unsere Staatsregierung lossage von den Karlsbader Beschlüssen vom Jahr 1819, von den Frankfurter Beschlüssen von 1831 und 1832 und von den Wiener Beschlüssen von 1834. Diese Beschlüsse verletzen gleichmäßig unsere unveräußerlichen Menschenrechte wie die deutsche Bundesakte und unsere Landesverfassung.

Die Lärche steht für Artikel 2:
Wir verlangen Pressefreiheit; das unveräußerliche Recht des menschlichen Geistes, seine Gedanken unverstümmelt mitzuteilen, darf uns nicht länger vorenthalten werden.

Der Silberahorn steht für Artikel 3:
Wir verlangen Gewissens- und Lehrfreiheit. Die Beziehungen des Menschen zu seinem Gott gehören seinem innersten Wesen an, und keine äußere Gewalt darf sich anmaßen, sie nach ihrem Gutdünken zu bestimmen. Jedes Glaubensbekenntnis hat daher Anspruch auf gleiche Berechtigung im Staate. Keine Gewalt dränge sich mehr zwischen Lehrer und Lernende. Den Unterricht scheide keine Konfession.

Die Platane steht für Artikel 4:
Wir verlangen Beeidigung des Militärs auf die Verfassung. Der Bürger, welchem der Staat die Waffen in die Hand gibt, bekräftige gleich den übrigen Bürgern durch einen Eid seine Verfassungstreue.

Die Schlangenhautkiefer steht für Artikel 5:
Wir verlangen persönliche Freiheit. Die Polizei höre auf, den Bürger zu bevormunden und zu quälen. Das Vereinsrecht, ein frisches Gemeindeleben, das Recht des Volkes, sich zu versammeln und zu reden, das Recht des Einzelnen, sich zu ernähren, sich zu bewegen und auf dem Boden des deutschen Vaterlandes frei zu verkehren – seien hinfort ungestört.

Die Serbische Fichte steht für Artikel 6:
Wir verlangen Vertretung des Volks beim deutschen Bunde. Dem Deutschen werde ein Vaterland und eine Stimme in dessen Angelegenheiten. Gerechtigkeit und Freiheit im Innern, eine feste Stellung dem Auslande gegenüber gebühren uns als Nation.

Der Mammutbaum steht für Artikel 7:
Wir verlangen eine volkstümliche Wehrverfassung. Der waffengeübte und bewaffnete Bürger kann allein den Staat schützen. Man gebe dem Volke Waffen und nehme von ihm die unerschwingliche Last, welche die stehenden Heere ihm auferlegen.

Der Ginkgo oder Fächerblattbaum steht für Artikel 8:
Wir verlangen eine gerechte Besteuerung. Jeder trage zu den Lasten des Staates nach Kräften bei. An die Stelle der bisherigen Besteuerung trete eine progressive Einkommensteuer.

Die Himalaja-Zeder steht für Artikel 9:
Wir verlangen, dass die Bildung durch Unterricht allen gleich zugänglich werde. Die Mittel dazu hat die Gesamtheit in gerechter Verteilung aufzubringen.

Die Stileiche steht für Artikel 10:
Wir verlangen Ausgleichung des Missverhältnisses zwischen Arbeit und Kapital. Die Gesellschaft ist schuldig, die Arbeit zu heben und zu schützen.

Die Esche steht für Artikel 11:
Wir verlangen Gesetze, welche freien Bürgern würdig sind, und deren Anwendung durch Geschworenengerichte. Der Bürger werde von dem Bürger gerichtet. Die Gerechtigkeitspflege sei Sache des Volkes.

Der Tulpenbaum steht für Artikel 12:
Wir verlangen eine volkstümliche Staatsverwaltung. Das frische Leben eines Volkes bedarf freier Organe. Nicht aus der Schreibstube lassen sich seine Kräfte regeln und bestimmen. An die Stelle der Vielregierung der Beamten trete die Selbstregierung des Volkes.

Die Japanische Blütenkirsche schließlich steht für Artikel 13:
Wir verlangen Abschaffung aller Vorrechte. Jedem sei die Achtung freier Mitbürger einziger Vorzug und Lohn.

Der „Park der Freiheitsbäume" wurde mittlerweile sogar im Badner Lied mit einer extra gedichteten Strophe geehrt: „Die Freiheit kommt aus Offenburg / und die Demokratie. / Dort stehen dreizehn Freiheitsbäum', / so viel hat Preußen nie!"

Die Familie Burda und der Medienpark des Verlagskonzerns „Burda Holding"

Wer sich für Industriearchitektur aus den letzten Jahrzehnten interessiert, sollte sich den Medienpark – südwestlich der Innenstadt, zwischen Mühlbach und Kinzig gelegen – nicht entgehen lassen. Von der Innenstadt aus über die Johannisbrücke und dahinter links in die Badstraße einbiegend, erreicht man nach knapp 500 Metern die Straße „Am Kestendamm" und die Gebäude der *Burda Holding*.

Offenburg ist untrennbar mit dem Namen der Familie Burda verbunden. Die Hubert Burda Media Holding ist heute einer der größten Verlags- und Medienkonzerne Deutschlands und auch international von Bedeutung; bekannte Printmedien sind beispielsweise die „Bunte" und der „Focus".

Begonnen hatte die Erfolgsgeschichte 1908, als die kleine Druckerei von Franz Burda sen. in Offenburg ihren Betrieb aufnahm. Sein Sohn Franz Burda junior (1903–1986) gründete 1927 die wohl erste Programmzeitschrift Deutschlands: *Die Sürag*, die sich im Untertitel *die große Radio-Zeitschrift* nannte. 1929, nach dem Tod seines Vaters, übernahm Franz Burda jun. das Unternehmen, baute es nach dem Zweiten Weltkrieg zum Verlagskonzern *Burda Holding* aus und schuf viele der bis heute erscheinenden Zeitschriften. Seine Ehefrau Aenne Burda (1909–2005) war ab 1949 für den Verlag *Burda Moden* verantwortlich – heute ist es der weltweit größte Verlag für Modepublikationen.

1954 zog die Burda Holding in das von Egon Eiermann (1904–1970) entworfene langgestreckte Gebäude am Kestendamm (rechte Straßenseite). Seine sachlich-nüchterne Fassade, die blaue Farbgebung und die stren-

Eine Übersichtskarte finden Sie auf Seite 75.

ge Einfachheit faszinieren noch heute. Der Stararchitekt der 1950er Jahre war beispielsweise auch verantwortlich für die Kaiser-Wilhelm-Gedächtniskirche in Berlin und in ganz Baden findet man zahlreiche seiner oft prämierten Bauten.

Die drei Söhne des Paares übernahmen nach dem Tode des Vaters die Leitung der weltweit agierenden Holding, wobei sich Hubert Burda um das Offenburger Stammgeschäft kümmert.

1999 – zum 60. Geburtstag des Verlegers – wurde der große Medienpark an der Kinzig eingeweiht. Das Bürogebäude der Architekten Ingenhoven Overdiek Kahlen und Partner aus Düsseldorf (zwischen Kestendamm und Kinzig) symbolisiert mit seiner Form bereits den Zweck: die Kommunikation. Die bis auf den Boden heruntergezogene Dachhaut der sechs Finger (nur von der Gebäuderückseite sichtbar) verzahnt das Gebäude mit seiner Umgebung und die Aluminiumdächer glitzern wie mattsilberne Bildschirme. So ist der Bau schnell zu einem modernen Wahrzeichen der Stadt geworden.

Der Mühlbachpfad – Lehrpfad über die Geschichte(n) eines Baches

Für die Anwohner hatte und hat der Mühlbach viele Gesichter und Bedeutungen. Seine Geschichte ist unmittelbar mit den hier lebenden Menschen verknüpft. Der Mühlbach-Pfad mit seinen 21 Hinweistafeln will diese Geschichte(n) wieder lebendig machen und die Bedeutung des Bachs für die Industrie Offenburgs, aber auch für die einzelnen Menschen würdigen.

Der Mühlbach-Pfad beginnt am Großen Deich, wo der Mühlbach aus der Kinzig abgeleitet wird, und endet am Parkhaus Wasserstraße, wo sich einst das Bad Ries befand. Die 2,5 km lange Strecke kann zu Fuß oder mit dem Rad absolviert werden.

Mehr über den Mühlbach und seine Bedeutung für die Stadtbewohner erfahren Sie hier:

- **A** Das Kulturforum – Die alte Kaserne
- **B** Die Zwingerrunde – entlang der alten Stadtmauer
- **C** Die Bürgervillen der Nordweststadt
- **D** Die Gartenstadtsiedlung „Galgenfeld"
- **E** Die Hildastraße – Hauptstraße der Oststadt
- **F** Der Waldbachfriedhof mit jüdischem Friedhof
- **G** Der Bürgerpark mit den 13 Freiheitsbäumen
- **H** Der Medienpark der „Burda Holding"
- **I** Der Mühlbachpfad

Ausflugstipps in die Umgebung Offenburgs

Spazieren, Wandern, Natur erleben

Für **Spaziergänge** in ebenem Gelände und in direkter Nähe zu Offenburg laden das Naherholungsgebiet am 19 ha großen „Gifizsee" – dort können im Sommer auch Ruderboote geliehen werden –, der städtische Auewald westlich von Albersbösch mit dem Burgerwaldsee sowie der Kinzigdamm und der Weg am Mühlbachpfad (s. Seite 74) ein.

In der Vorbergzone gibt es eine ganze Reihe eigens ausgeschilderter **Weinwanderwege**, die zumeist an den Winzergenossenschaften beginnen:

- In **Durbach** gibt es einen 1,3 km langen **Weinlehrpfad** sowie den **Durbacher Rebenweg**, der eine Länge von 8 km hat.
- An der Winzergenossenschaft **Rammersweier** gibt es einen kurzen Weinlehrpfad.
- Der **„Ortenauer Weinpfad"** führt insgesamt über 100 km von Gernsbach bei Baden-Baden bis nach Diersburg in der Nähe von Lahr, er passiert Durbach, führt über die „Wolfsgrube" nach Zell-Weierbach und von dort an Fessenbach vorbei zum Schloss Ortenberg und weiter nach Gengenbach. Auf den Panoramawegen oberhalb Offenburgs hat man wunderbare Ausblicke in die Rheinebene und zu den Schwarzwaldhängen.

Das **„Hohe Horn"**, der 550 m hohe Hausberg Offenburgs mit seinem Turm, kann auf vielen Wegen erklommen werden. Eine Variante von etwa 9 km Länge startet z.B. beim Fessenbacher „Schuckshof" (s. Seite 86), von dort führt ein markierter Wanderweg etwa 3 km zum Hohen Horn und über Bühlhof, Böcklinstein und Hexenstein zum Ortsteil Zell-Riedle. Über den Offenburger Weinwanderweg geht es zurück zum Schuckshof.

Auch zum **„Brandeckkopf"** (686 m) mit seinem Aussichtsturm – dem höchsten Punkt auf Offenburger Gemarkung – führen verschiedene Touren. Einst stand hier die Burg Bielenstein, die im 16. Jahrhundert zerstört wurde und von der es keine Überreste mehr gibt.

- Eine kleine Rundtour von etwa 3 km startet vom Waldparkplatz am Berggasthof „Brandeck-Lindle" (von Offenburg auf der L 99 Rcht. Kinzigtal nach Ohlsbach, dort am Rathaus nach Hinterohlsbach; 10 km von OG). Zunächst folgt man der Beschilderung Fritscheneck, dann dem Hinweis Brandeckturm. Für den Rückweg nutzt man den Waldpfad mit dem Hinweis Brandeck-Lindle.
- Eine andere Variante von etwa 10 km Länge führt vom Parkplatz „Wolfsgrube" in Zell-Weierbach (s. Seite 93) 4 km hinauf (gelbe Raute) und über den Böcklinstein (blaue Raute) und den Ortenauer Weinpfad (6 km) wieder zur „Wolfsgrube".

Der **„Hexensteinweg"** (knapp 6 km) führt von der „Hexenkuchi" der Hexenzunft Offenburg im Keller des Salzhauses in der Innenstadt durch die Waldbachsenke, dann an der Winzergenossenschaft Zeller Abtsberg vorbei über den „Burschel" und den Talweg entlang bis zum „Hexenstein" im Zell-Weierbacher Wald oberhalb des Ortsteils „Riedle".

In einigen Ortsteilen gibt es eigens markierte **Rundwanderwege**:
- der Rundwanderweg Rammersweier (11,5 km)
- der Zell-Weierbach-Rundweg (13 km)
- der Rundwanderweg Zunsweier (9 km)

In Zell-Weierbach gibt es einen schönen **Barfußpfad** am Waldrand. Anfahrt: durch den Ortsteil auf dem Talweg bis zum Waldparkplatz.

Im Zunsweierer Wald bietet die „Sauweide" einen schönen **Picknickplatz mit Waldlehrpfad** und Kinderspielplatz. Im Ortsteil von der Bellenwaldstraße über die Litzelbachstraße zum Waldrand.

Im Naturschutzgebiet „Taubergießen" bei Rust (35 km von OG) kann man per Boot die einzigartige Fauna und Flora des Auengebietes der Altrheinarme entdecken. Es gibt mehrere Anbieter geführter Bootstouren sowie Kajak- und Bootsverleihstationen.

Städte und Dörfer

Durbach – fast an Offenburg angrenzend – ist wohl eines der bekanntesten Weindörfer des Südwestens: mit mehreren Weingütern und dem Schloss Staufenberg. Idyllisch liegen die Weinberge an den Schwarzwaldhängen.

Im vorderen Kinzigtal besticht das nahe gelegene **Gengenbach** (10 km von OG) mit seiner schönen Altstadt, aber auch Biberachs Ortsteil Prinzbach mit der **Ruine Hohengeroldseck** ist einen Ausflug wert.

Am Ausgang des Renchtals liegt die Obst- und Weinstadt **Oberkirch** (16 km von OG) mit malerischen Fachwerkhäusern und der sehenswerten **Ruine Schauenburg**. Von dort lohnt auch ein Ausflug an die romantischen **Allerheiligen Wasserfälle** (über Oppenau, zusätzl. 20 km) und die gleichnamige Klosterruine.

Ottenhöfen (40 km von OG), auch als „Mühlendorf" bezeichnet, ist ebenfalls einen Besuch wert. Auf dem insgesamt 12 km langen Mühlenweg (Abkürzung möglich) können neun liebevoll restaurierte Mühlen bewundert werden.

Straßburg (25 km von OG) mit seinem berühmten Münster und der schönen Innenstadt ist auf jeden Fall einen Besuch wert. Parken in Straßburg ist nicht einfach, daher ist die Nutzung der Straßenbahn ab Kehl (deutsche Rheinseite) empfehlenswert.

Museen und Brauchtum

Das **Museum „Fürstenberger Hof"** in Zell-Unterharmersbach (Nähe Biberach; 25 km von OG) zählt zu den schönsten Museen im Schwarzwald. Es gibt einen interessanten Einblick in das Leben auf dem Lande in früheren Zeiten, sehr beeindruckend ist z. B. die rußgeschwärzte Küche.

Das große **Freilichtmuseum „Vogtsbauernhöfe"** in Gutach (40 km; an der B 33) ist wohl einmalig im Südwesten: Eine ganze Reihe prächtiger alter Schwarzwaldhöfe samt Nebengebäuden, Tieren, Mühlen und Sägen vermitteln, wie durch die Jahrhunderte im Schwarzwald gelebt und gearbeitet wurde. Hier reicht ein Tag kaum aus, um alles zu entdecken.

Außerdem in Gutach: ein Barfußpfad, ein Erlebnisspielplatz und eine Sommerrodelbahn. Gutach ist von Offenburg aus gut mit der „Schwarzwaldbahn" zu erreichen.

In der **Dorotheenhütte** in Wolfach (40 km von OG) zeigen Glasbläser, wie kunstvolles Glas geblasen und geschliffen wird.

Die **Schwarzwald-Modellbahn** kann in Hausach (35 km von OG) in einer 400 m^2 großen Anlage besichtigt werden. Auch im **Triberger Schwarzwaldmuseum** (57 km von OG) befindet sich eine Modellanlage. Hier gibt es außerdem einen Schwarzwaldbahn-Erlebnispfad, der anschaulich die Baugeschichte des interessantesten Streckenabschnitts erläutert.

Das **Schwarzwälder Trachtenmuseum** (35 km von OG) in Haslach im Kinzigtal gibt einen Einblick in Schwarzwälder Brauchtum und Mode. Neben Bollenhut und Goldhaube sind hier viele originale Trachten zu bewundern.

In Oberwolfach (45 km von OG) gibt es das **Mineralien- und Mathematikmuseum** (MiMa) sowie das **Besucherbergwerk „Grube Wenzel"**, auf Anfrage kann auch das Erlebnisbergwerk unter Tage besucht werden.

Die **Zeller Keramik Manufaktur** in Zell am Harmersbach (Nähe Biberach; 25 km von OG) ist bekannt für das berühmte „Hahn & Henne"-Geschirr. Das Werk kann besichtigt werden, es gibt einen Fabrikverkauf und rund ums Hinterhambachtal einen 14 km langen Premiumwanderweg, die „Hahn-und-Henne-Runde".

Tier- und Freizeitparks

Der riesige **Europa-Park in Rust** (35 km von OG) hat für Klein und Groß eine Menge zu bieten: Schwindelerregende Achterbahnen und andere Fahrgeschäfte, tägliche Veranstaltungen, Ausstellungen, Restaurants und Hotels – hier kann man einen ganzen Urlaub verbringen. Bei der Anreise mit der Bahn: vom Bahnhof Ringsheim fährt ein Pendelbus.

Ein Park der ganz anderen Art: Im **alternativen Wolf- und Bärenpark** etwas nördlich von Bad Rippoldsau-Schapbach (durchs Kinzigtal bis Wolfach, dann auf die L 96; 60 km von OG) leben neun Bären, die aus schlechter Haltung befreit wurden, zusammen mit drei Wölfen in einer großen Freianlage. Ein

2 km langer Rundweg mit Infotafeln führt um das Gelände und die Bären sind gut zu beobachten – während die Wölfe sich meist versteckt halten. Die Initiative wird durch Eintrittsgelder und Spenden finanziert.

Rundtouren mit dem Auto

Wer die Region per Auto erkunden möchte, dem ist die etwa 200 km lange **Rundtour über die Badische Weinstraße sowie die Schwarzwaldhochstraße** zu empfehlen. Im Offenburger Ortsteil Fessenbach stößt man auf die Badische Weinstraße, der man nach Norden folgt. Über Durbach, Oberkirch, Achern und Bühl geht es bis Baden-Baden. Ab hier fährt man auf der B 500 (Schwarzwaldhochstraße) durch den Ortsteil Lichtental auf die Höhen des Nordschwarzwalds am Mummelsee und der 1164 m hohen „Hornisgrinde" vorbei bis Freudenstadt. Von dort geht es zunächst nach Süden, dann nach Westen durchs Kinzigtal mit seinen schönen Fachwerkorten zurück nach Offenburg.

Außerdem bietet sich ein Ausflug zur **Elsässer Weinstraße** an, an der die schönsten Weindörfer und Burgen des Elsass liegen. Die etwa 170 km lange Route führt von Marlenheim, etwas nordwestlich von Straßburg, über Molsheim, Obernai, Barr und Ribeauvillé nach Colmar und von dort weiter über Guebwiller nach Thann. Hin bzw. zurück nach Offenburg geht es am zügigsten über die A 5.

Nützliches von A bis Z

BürgerBüro/Tourist-Information
Fischmarkt 2
77652 Offenburg

Fon: 0781 82-2800
Fax: 0781 82-7251
E-Mail: info@offenburg.de
www.offenburg.de

Mo–Fr: 8 bis 18 Uhr
Sa: 8 bis 12 Uhr

Das BürgerBüro bietet kostenlose Stadtführungen mit verschiedenen Schwerpunkten an. Je nach Thema variiert der Treffpunkt. Eine Anmeldung ist nicht nötig. Weitere Führungen auf Anfrage.
März bis Oktober: Sa um 10 Uhr; Juni bis August zus.: Mi um 19 Uhr

Camping
Wohnmobilstellplatz sowie Zeltplatz am Gifizsee; Kontaktdaten s. Seite 91: „Strandbad Gifizsee "

Eislaufhalle am Messeplatz
Schutterwälder Str. 3, 77656 Offenburg
77654 Offenburg

Fon: 0781 9226-111
E-Mail: info@messe-offenburg.de

Saison: Anfang Oktober bis Ende Februar
Genaue Öffnungszeiten erfahren Sie unter www.eislaufhalle-offenburg.de
Anmeldung für größere Gruppen vorab erbeten.

Fahrradverleih

Am City-Parkhaus
Wasserstraße 9
77652 Offenburg

Fon: 0781 76253
Fax: 0781 9708539

Mo–Sa: 7 bis 20 Uhr

Kostenloser Verleih von Fahrrädern und Zubehör, wie z. B. Kindersitze und Radhelme gegen Ausweis und Kaution. Kostenpflichtiger Verleih von Pedelecs/E-Bikes, sowie einer Rikscha und eines Tandems. Das Mindestalter beträgt 18 Jahre.

Öffentliches Fahrradvermietungssystem
85 Mietfahrräder sind an 15 Verleihstationen rund um die Uhr verfügbar.

Die Verleihhotline lautet 030 69205046

Aktuelle Informationen zu Preisen und Nutzungsbedingungen finden Sie unter www.nextbike.de

Verleihstationen mit Terminal befinden sich u.a. am Vorder- und Hinterausgang des Bahnhofs, in der Gustav-Ree-Anlage (Nähe Evang. Stadtkirche), am Technischen Rathaus (Nähe Zauberflötebrücke), am Stadtbuckel (Kreuzung Hauptstraße/Grabenallee) sowie an der Heilig-Kreuz-Kirche.

Gotteshäuser

Die **katholische Seelsorgeeinheit** Offenburg St. Ursula besteht aus 14 Pfarreien:

- Heilig-Kreuz (Innenstadt)
- Dreifaltigkeit (Oststadt)
- Heilig-Geist (Albersbösch)
- St. Fidelis (Nordweststadt)

- St. Laurentius (Bohlsbach)
- St. Pankratius (Windschläg)
- St. Peter und Paul (Bühl)
- St. Markus (Elgersweier)
- St. Nikolaus (Griesheim)
- Herz-Jesu (Rammersweier)
- St. Johannes Nepomuk (Waltersweier)
- St. Johannes der Täufer (Weier)
- St. Philippus und Jakobus (Weingarten)
- St. Sixtus (Zunsweier)

Weitere Infos unter: www.kath-offenburg.de oder beim Citypastoral Offenburg „C-Punkt", Am Marktplatz 19, 77652 Offenburg
Fon: 0781 1282482
Fax: 0781 1282481
E-Mail: info@c-punkt-offenburg.de
www.c-punkt-offenburg.de

Die **Evangelische Kirchengemeinde** Offenburg besteht aus sieben Gemeinden:

- Auferstehungsgemeinde (Oststadt)
- Christusgemeinde (Uffhofen)
- Erlösergemeinde (Albersbösch)
- Johannes-Brenz-Gemeinde (Rammersweier)
- Lukasgemeinde (Schutterwald)
- Matthäusgemeinde (Weier)
- Stadtkirchengemeinde (Innenstadt)

Weitere Infos unter: www.eki-og.de oder beim Evangelischen Verwaltungs- und Serviceamt, Poststr. 16, 77652 Offenburg
Fon: 0781 8096-0
Fax: 0781 8096-20
E-Mail: offenburg.ortenau@vsa.ekiba.de

Weitere religiöse Gemeinden:

Alt-Katholische Pfarrgemeinde St. Mattias
Gymnasiumstr. 7
Offenburg
Fon: 07221 53428

Evangelisch-freikirchliche Baptisten-Gemeinde
Grimmelshausenstr. 32
77654 Offenburg
Fon/Fax: 0781 9483083

Russisch-Orthodoxe Gemeinde
Esther-Cohn-Str. 3
77656 Offenburg
Fon: 0781 22434

Gemeinschaft der Siebenten-Tags-Adventisten, Bibeltelefon
Seestr. 4
77652 Offenburg
Fon: 0781 77535

Neuapostolische Kirche Süddeutschland
Glaserstr. 1
77652 Offenburg
Fon: 07805 9165147

Islamische Religionsgemeinschaft Offenburg und Umgebung e. V.
Stegermattstr. 16
77652 Offenburg
Fon: 0781 70397

Grillplätze (Auswahl)

In Offenburg und seinen Ortsteilen gibt es mehrere Grillplätze, die von Gruppen z. T. nach Anmeldung und Zahlung einer kleinen Gebühr genutzt werden können:

Grillplatz im Strandbad Gifizsee: gemauerter Grill mit Rost und Kohlenwanne, Sitzgarnituren, Lagerfeuerstelle, Brunnen zum Kühlen der Getränke, Tischtennisplatte, Kleinkinderspielplatz sowie Toiletten in unmittelbarer Nähe; Kontaktdaten s. Seite 91: „Strandbad“

Grillplatz in der Nordweststadt, Vogesenstraße 30: Infos über die Bürgervereinigung Nordwest; Fon: 0160 98195751

Grillplatz beim Waldspielplatz „Schuckshof" (Fessenbach): Guter Startpunkt für eine Wanderung zum Hohen Horn. Infos über die Ortsverwaltung Fessenbach; Fon: 0781 82-3170

Grillplatz „Springmatten" in Zell-Weierbach: mit Schutzhütte, Infos über die Ortsverwaltung Zell-Weierbach; Fon: 0781 82-3293

Grillplatz „Kreuzebene" in Zell-Weierbach: Infos über die Wandergruppe Zell-Weierbach; Fon: 0781 35667 (1. Vors. Herr Sälinger)

Grillplatz „Sauweide" in Zunsweier: beim Fest- und Waldspielplatz, Infos über die Ortsverwaltung Zunsweier, Fon: 0781 82-3310

Grillplatz am Lohwald in Windschläg: Infos bei der Ortsverwaltung Windschläg, Fon: 0781 82-3270

Weitere öffentliche Grillplätze am Jugendtreff in Albersbösch, Wichernstraße 76, und am Burgerwaldsee

Indoor-Spielplatz

„Kiddy Dome"
Seestraße 18
77746 Schutterwald (etwa 5 km von Offenburg entfernt)

Fon: 0781 52402
E-Mail: info@kiddydome.de
www.kiddydome.de

Mo–Fr: 14 bis 19 Uhr
Sa+So: 10 bis 19 Uhr
Ferien und Feiertage (Deutschland und Frankreich): Mo–So: 10 bis 19 Uhr

Kletterzentrum des Deutschen Alpenvereins

Rammersweierstraße 9
77654 Offenburg

Fon: 0781 94869698
Fax: 0781 75967
E-Mail: dav-offenburg@t-online.de

Aktuelle Informationen über Öffnungszeiten und Preise erhalten Sie unter www.kletterzentrum-offenburg.de

Kulturbüro

Weingartenstr. 34/Kulturforum
77654 Offenburg

Fon: 0781 82-2264
Fax: 0781 82-7590
E-Mail: kulturbuero@offenburg.de
www.kulturbuero.offenburg.de

Tickethotline: 0800 911811711 (kostenfrei)
Tickets für Veranstaltungen gibt es u.a. im BürgerBüro (Fischmarkt 2) und in den Geschäftsstellen der Mittelbadischen Presse sowie der Badischen Zeitung

Lapidarium

Das Lapidarium Offenburgs, also die Sammlung von Grenzsteinen, Steindenkmalen und -skulpturen, hat seinen Platz im Vinzentiusgarten und den Gewölben des Vinzentiushauses. Hier stehen auch einige Originalfiguren des Ölbergs aus dem 16. Jahrhundert, die Skulpturen der alten Offenburger Brunnen und z.B. eine interessante polyedrische Sonnenuhr. Das Lapidarium im Gewölbekeller kann im Rahmen von Führungen besichtigt werden; Informationen hierzu sind im BürgerBüro erhältlich.

Laufstrecken im Offenburger Stadtwald

Ausgeschilderte Strecken über 5 km, 10 km und Halbmarathon (21 km).
Start: Parken im Bereich Wichernstraße 45/47; 77656 Offenburg (Parkplätze entlang der Straße nutzen)
Am Waldrand steht eine große Tafel mit detaillierten Informationen; die Strecken sind eben und genau ausgemessen, alle 500 m stehen Infoschilder.

Markt

Wochenmarkt ist jeden Dienstag und Samstag im Bereich Fischmarkt/Steinstraße bis zum Lindenplatz.

Messe Offenburg/Kongresszentrum

Schutterwälder Str. 3
77656 Offenburg

Fon: 0781 9226-0
Fax: 0781 9226-77
E-Mail: info@messe-offenburg.de
www.messe-offenburg.de

Minigolf

Minigolfplatz am Bürgerpark
Stegermattstraße 28
77652 Offenburg

Im Zuge des Neubaus des Freizeitbades ist der Minigolf-Platz geschlossen; vorauss. Eröffnung 2017

Minigolfstüble Rammersweier
Am Pflenzinger 3a
77654 Offenburg

Fon: 0781-43202
E-Mail: minigolf-rammersweier@t-online.de

Mo–Fr: 15 bis 18 Uhr (in den Ferien ab 14 Uhr)
So+Feiertag: 10:30 bis 18 Uhr
Sa bei schönem Wetter: 14 bis 18 Uhr, sonst Ruhetag

Minigolfplatz Ohlsbach
Boerscherplatz 3
77797 Ohlsbach

Fon: 07803 928766

Museen

Museum im Ritterhaus
Ritterstraße 10
77652 Offenburg

Fon: 0781 82-2460 oder 0781 82-2311
E-Mail: museumspaedagogik@offenburg.de
www.museum-offenburg.de

Di–So: 10 bis 17 Uhr
Das Museum ist vom 7. Juni bis 7. Oktober 2016 wegen Umbau geschlossen.
Info und Buchung: Mo–Do: 14 bis 16 Uhr; Fr: 10 bis 12 Uhr unter 0781 82-2460

Das Museum im Ritterhaus bietet Stadtführungen für Gruppen an, die Termine können individuell vereinbart werden und sind kostenpflichtig.

Museum für ehemals Großherzoglich Badische Schulen
Schulstr. 3
77652 Offenburg/Zell-Weierbach

Fon: 0781 823296 (Di: 9 bis11 Uhr oder Do: 15 bis 17 Uhr)
Fax: 0781 823299
www.schulmuseum.zell-weierbach.de

In diesem Schulmuseum kann man neben Schulutensilien aus alter Zeit u. a. eine ehemalige Lehrerwohnung, eine Nähstube sowie eine Bibliothek mit Schulbüchern aus den letzten drei Jahrhunderten bewundern. Der Museumsleiter unterrichtet Gruppen im alten Stil als großherzoglich-badischer Volksschullehrer – „Tatzen" (also Hiebe auf die Finger) inbegriffen …

Öffnung nur auf Anfrage für Gruppen

Küfermuseum
Winkel 5
77654 Offenburg/Zell-Weierbach

Fon: 0781 31716
Fax: 0781 93603831
E-Mail: info@kuefermuseum.de

Öffnung nur auf Anfrage; Anmeldung bei Christa und Egon Brixel.

Das private Holzküfermuseum beherbergt eine Vielzahl von Werkzeugen. Auf Wunsch bieten die Betreiber eine Weinprobe und/oder ein kleines Vesper.

Heimatmuseum Waltersweier
Freihofstr. 1
77656 Offenburg/Waltersweier

Fon: 0781 9702472

Öffnung einmal im Monat, So: 14 bis 18 Uhr oder auf Anfrage; Anmeldung bei Elvira Bittner.

Das Museum befindet sich in der alten Schule hinter der Ortsverwaltung und beherbergt eine Sammlung von Alltags- und Gebrauchsgegenständen der letzten 150 Jahren aus Haushalt, Landwirtschaft, Handwerk, Schule und Religion.

Schwimmbäder

Freizeitbad Stegermatt (Kombibad)
Das ehemalige Freibad wird 2016/2017 umgebaut; vorauss. Neueröffnung 2017
Aktuelle Informationen erhalten Sie unter www.offenburger-freizeitbad.de

Hallenbad mit Sauna und Solarium
Stegermattstraße 11
77652 Offenburg

Fon: 0781 919338-0

Aktuelle Informationen, Öffnungszeiten und Preise erhalten Sie unter www.tbo-offenburg.de unter „Bäder".

Strandbad & Tiki Bar Gifizsee
Platanenallee 15
77656 Offenburg

Fon: 0781 63986880 oder mobil: 0177 4195371
E-Mail: strandbad@t-online.de

Aktuelle Informationen zu den Öffnungszeiten, zur Kiosk-Öffnung, zum Betrieb der Rutsche und zur Wetterregelung erhalten Sie unter www.gifizsee.de

Spielplätze (Auswahl)

Spielplatz und -stationen im Bürgerpark

Spielplatz am Mühlbach auf dem Gelände der ehemaligen Spinnerei/Weberei

Abenteuer- und Wasserspielplatz Kreuzschlag
Magdalene-Welsch-Straße 33
77656 Offenburg

Abenteuerspielplatz Lindenhöhe
Lonsstraße
77654 Offenburg

Abenteuerspielplatz Brachfeldstraße
Brachfeldstraße 7
77654 Offenburg

Waldspielplatz Schuckshof (Ortsteil Fessenbach)
mit Bolzplatz und Grillstelle (s. auch S. 86 „Grillplätze")

Waldspielplatz „Sauweide" (Ortsteil Zunsweier)
mit Festplatz und Grillstelle (s. auch S. 86 „Grillplätze")

Freizeitanlage „Wolfsgrube" (Ortsteil Zell-Weierbach)
mit Spielplatz und Tiergehege (s. auch S. 93 „Tiergehege")

Städtische Galerie

Amand-Goegg-Str. 2/Kulturforum
77654 Offenburg

Fon: 0781 82-2040
Fax: 0781 82-6040
E-Mail: galerie@offenburg.de
www.galerie-offenburg.de

Di–Fr: 13 bis 17 Uhr
Sa+So: 11 bis 17 Uhr

Stadtarchiv im Ritterhaus

Ritterstraße 10
77652 Offenburg

Fon: 0781 82-2341
Fax: 0781 82-7521
E-Mail: stadtarchiv@offenburg.de
www.stadtarchiv-offenburg.de

Di–Fr: 10 bis 13 Uhr
Mi+Do: 10 bis17 Uhr
Das Stadtarchiv im Ritterhaus bietet auch Führungen und Kurse an.

Stadtbibliothek

Weingartenstr. 32–34/Kulturforum
77654 Offenburg

Fon: 0781 82-2711
Fax: 0781 82-7799
E-Mail: info@stadtbibliothek-offenburg.de
www.stadtbibliothek.offenburg.de

Di–Fr: 11 bis 19 Uhr
Sa: 10 bis 13 Uhr

Tiergehege

Tiergehege am Gifizsee

Badstraße
77652 Offenburg

Das Gelände hinter dem Strandbad ist frei zugänglich.

Ziegengehege „Wolfsgrube“

Obertal 102
77654 Offenburg/Zell-Weierbach

An der sogenannten „Wolfsgrube“ am Gasthaus „Schützenhaus“ gibt es ein Gehege mit Ziegen (im Winter sind diese am Gifiz-See untergebracht) und einen Spielplatz.

Register

Bildnachweise

© shutterstock.com: U1 (Pakhnyushchy, Walencienne), U3 (MaxyM), S. 5 (Stadt Offenburg) S. 12 (Walencienne), S. 17 (Fradkina Victoria), S. 22 (Iasmina Calinciuc), S. 26 (Leonid Andronov), S. 35 (Joymsk140), S. 40 (kiyanochka1), S. 42 (Joymsk140), S. 45 (Leonid Andronov), S. 49 (Walencienne), S. 76 (Leonid Andronov), S. 78 (SF photo, Deatonphotos), S. 79 (FreeProd33), S. 81 (Juergen Wackenhut, vichie81)
© Stefan Jörger, Stiftung für Bären: S. 80
© Europa-Park: S. 80
© Seitenweise Verlag GmbH: alle übrigen Bilder